PUBLICATIONS

DE

L'ÉCOLE DES LANGUES ORIENTALES VIVANTES

VOL. XVI.

RECUEIL DE DOCUMENTS SUR L'ASIE CENTRALE.

VIENNE. — TYP. ADOLPHE HOLZHAUSEN,
IMPRIMEUR DE LA COUR I. & R. ET DE L'UNIVERSITÉ.

RECUEIL

DE

DOCUMENTS

SUR

L'ASIE CENTRALE

I. HISTOIRE DE L'INSURRECTION DES TOUNGANES SOUS LE RÈGNE DE TAO-KOUANĜ (1820—1828) D'APRÈS LES DOCUMENTS CHINOIS.
II. DESCRIPTION OROGRAPHIQUE DU TURKESTAN CHINOIS, TRADUITE DU SI YU T'OU TCHÉ.
III. NOTICES GÉOGRAPHIQUES ET HISTORIQUES SUR LES PEUPLES DE L'ASIE CENTRALE, TRADUITE DU SI YU T'OU TCHÉ.

PAR

CAMILLE IMBAULT-HUART

ATTACHÉ AU CONSULAT GÉNÉRAL DE FRANCE A CHANĜ-HAÏ, ÉLÈVE DIPLOMÉ DE L'ÉCOLE SPÉCIALE DES LANGUES ORIENTALES, MEMBRE DES SOCIÉTÉS ASIATIQUES DE PARIS ET DE CHANĜ-HAÏ.

OUVRAGE ACCOMPAGNÉ DE DEUX CARTES CHINOISES.

PARIS
ERNEST LEROUX, ÉDITEUR
LIBRAIRE DE LA SOCIÉTÉ ASIATIQUE
DE L'ÉCOLE DES LANGUES ORIENTALES VIVANTES, ETC.
28, RUE BONAPARTE, 28

1881

INTRODUCTION

Le Turkestan oriental n'a été définitivement soumis par les armes chinoises qu'en 1759, et depuis cette époque, il n'a presque jamais été sans révoltes considérables. Les Mahométans qui l'habitent, turbulents et jaloux de leur liberté, ont saisi toutes les occasions propices pour reprendre les armes et tenter de secouer le joug des Chinois. L'une des plus importantes de ces insurrections est certainement celle de 1820[1], durant

[1] *L'insurrection de 1862 a été aussi terrible que celle de 1820, puisque les Chinois, après avoir vu la naissance du royaume indépendant de Kachgarie, viennent seulement de la dompter grâce aux talents de leur général Tso Tsong̃-t'ang̃; mais les documents que nous possédons sur cette guerre, épars dans divers ouvrages européens ou journaux, ne suffiraient qu'à grand' peine pour en tracer l'histoire un peu complète. Nous croyons être utile au futur historien de cette insurrection en publiant dans l'Appendice Ier la traduction du décret rendu à l'occasion de la soumission du Turkestan par l'empereur* 光緒 *Kouang̃ siu, ou plutôt par le conseil de régence chargé d'administrer les affaires de l'État durant la minorité de ce jeune prince, qui présente un court résumé de la campagne faite par les troupes chinoises.*

laquelle, après avoir expulsé les troupes chinoises des garnisons qu'elles tenaient dans les principales villes, et triomphé des corps envoyés pour les réduire, ils furent sur le point de recouvrer pour toujours leur indépendance.

Jusqu'ici l'on ne possédait en Europe aucun travail spécial sur cette guerre : des renseignements plus ou moins complets, des faits plus ou moins véridiques ont bien été publiés çà et là dans divers ouvrages européens : nous citerons pour mémoire les Notices of modern China publiées dans le Chinese Repository, et le Report of a mission to Yarkund, de M. T. D. Forsyth; mais nul n'en avait encore véritablement écrit l'histoire. Un historien chinois de beaucoup de mérite, Oueï Yuann, ayant rédigé le récit de cette guerre, nous en avons fait la traduction, et c'est elle, à peu de chose près, que nous offrons aujourd'hui au public[1]*. L'on ne doutera point que les faits avancés par l'auteur chinois sont les plus complets et les plus authentiques, lorsqu'on saura que ce récit, de même que tous ceux qui composent l'instructive Histoire de Oueï Yuann, a été entièrement rédigé d'après*

[1] *Voyez sur Oueï Yuann et sur son ouvrage le* 聖武記 *Cheng̃ vou tçi, ou Histoire des guerres de la dynastie actuelle, le Journal Asiatique, n° février-mars 1878, page 135 et suivantes.*

les rapports envoyés par les officiers qui prirent part à la guerre, leurs mémoires restés inédits, et les documents de toutes sortes renfermés dans le Bureau des Historiographes et les archives secrètes, documents qui sont destinés à servir de base, un jour, à l'histoire officielle de la dynastie actuelle des Ts'iñg[1].

Pour terminer nous croyons devoir présenter quelques observations sur les différentes appellations données au Turkestan oriental et à ses habitants. Depuis l'époque de la dynastie des 'Hann (206 av. J.-C. — 264 ap. J.-C.), dont les armées parcoururent l'Asie centrale, le Turkestan oriental a été compris avec les K'anats de Kokand, de Bouk'ara, Tachkend, Samarkand, l'Afganistan, la Perse, sous la dénomination de 西域 *Si yu, contrées de l'ouest, expression qui répond souvent fort bien à notre appellation «Asie centrale». Depuis la conquête de 1759 il a porté le nom de* 新疆 *Sinn tçiañg, Nouvelle frontière, et de* 天山南路 *T'ienn chann nann lou, Province située au sud des Monts célestes, par opposition au* 天山北路 *T'ienn chann peï lou, Province située au nord des Monts célestes ou Dzongarie; il est aussi connu*

[1] *Preface du Cheñg vou tçi, voyez Journ. As. loco citato.*

sous le nom de 回 疆 *ʿHoueï tçianḡ ou Frontières mahométanes. Souvent les Chinois emploient l'expression de* 回 部 *ʿHoueï pou, tribus des ʿHoueï ou Mahométans, pour désigner tout ensemble et la contrée et la population qui l'habite. Les Chinois donnent aux habitants le nom générique de* 回 回 *ʿHoueï ʿHoueï*[1]*, expression que nous trouvons déjà dans les* 遼 史 *Léao ché, Annales de la dynastie des Léao. Le nom de Toungânes, sous lequel ces Sinico-Mahométans, s'il est permis de s'exprimer ainsi, sont connus de leurs coreligionnaires de race turque, est complètement inconnu des Chinois.*

Ce nom de Toungânes a donné lieu à de nombreuses conjectures sur son origine et son étymologie : il a été diversement expliqué par les savants dont il a exercé la sagacité. Ainsi, selon W. H. Wathen[2] *les Toungânes descendraient d'une colonie de soldats laissés derrière lui par Alexandre, et le nom même qu'ils portent dérivant*

[1] *Les Chinois donnent aussi aux sectateurs de Mahomet le nom de* 回 子 *ʿHoueï tseu, mais, encore que cette appellation soit assez répandue, certains lettrés semblent répugner à l'employer. Faisons remarquer que le caractère* 回 *est quelquefois écrit, sans doute pour témoigner du mépris aux Mahométans, avec le radical du chien placé à gauche* 徊*.*

[2] *Journal of the Asiatic society of Bengal, Calcutta, 1835.*

de plusieurs mots turcs et persans signifierait «laissé derrière soi (left behind)»[1], *et en indiquerait l'origine. Selon d'autres cette colonie aurait été laissée par Tamerlan. M. Vámbéry traduit ce nom par «Converti»*[2]. *Nous lisons dans Shaw «que ce nom est communément dérivé de la racine turque «trông» signifiant rester, et, ajoute l'auteur, ils sont en effet quelques fois appelés Tronganes». Shaw rapporte en outre l'explication donnée par l'une des meilleures autorités sur ce sujet pour ce côté de la Chine, «one of the best authorities on there subjects, on this side of China», suivant laquelle le mot Toungane serait dérivé des deux mots chinois* 屯人 *T'ounn jenn, qui signifient «colons militaires»*[3]. *Enfin, pour la singularité du fait, signalons l'étrange explication donnée dans un journal militaire russe et citée par M. Bret-*

[1] *M. Elphinstone, dans ses Travels into Bokhara, 2e édit. T. III, p. 186, parle également de ces Toungannes prétendant à une origine grecque : «ils se vantent de descendre des soldats d'Alexandre, non du conquérant lui-même, comme le font le grand nombre de chefs des vallées de l'Indus et de l'Oxus». Marco Polo dit aussi : «Et touz ceus de cel lignage sont descendu du roy Alixandre et de la fille du roy Daire, que estait sire du grandisme règne de Perse» (Edition Pauthier).*

[2] *Colonel Yule, édit. de Marco-Polo, T. I, p. 255.*

[3] *Robert Shaw, Visits to High Tartary, Yârkand and Kâshgar, London, 1871, p. 35.*

schneider[1]. D'après ce journal, peu après que l'Islamisme se fut répandu sur l'Asie centrale, le gouvernement chinois, craignant le pouvoir croissant des Mahométans, transféra un certain nombre de ces derniers du Turkestan dans la province du Kann sou, d'où ils se répandirent peu à peu sur toute la Chine; voilà pourquoi les Chinois appèllent les Mahométans T'ong kann sou[2], expression signifiant « les mêmes que les habitants (Mahométans) du kann sou » !

La carte qui accompagne notre travail est traduite du 西域圖志 *Si yu t'ou tché, description historique et géographique du Si yu (Asie centrale) avec cartes, dont nous avons également extrait un grand nombre de renseignements donnés dans les notes. Cet important et intéressant ouvrage, que M. Stanislas Julien déplorait de ne pouvoir consulter, est excessivement rare en Chine : M. St. Julien l'y a fait chercher pendant de longues années sans qu'on ait jamais pu parvenir à le lui procurer. Un exemplaire de ce rarissime ouvrage a été acquis à une vente à Paris, après plusieurs*

[1] *Notices of the mediaeval Geography and history of Central and Western Asia, by M. E. Bretschneider, London, 1876, p. 51.*

[2] 同甘肅.

vicissitudes, pour un de nos amis qui a bien voulu nous le céder. Nous en extrairons divers fragments non sans intérêt sur la géographie et l'histoire ancienne et moderne des peuples de l'Asie centrale, lesquels ne peuvent être bien connus que par les livres chinois : on sait en effet qu'à plusieurs époques de leur histoire, les Chinois parcoururent en vainqueurs l'Asie centrale et portèrent même leurs armes jusque sur les bords de la mer Caspienne, et qu'ils eurent pendant de longues années des relations suivies avec les peuples de l'Asie occidentale.

Nous avons placé à l'appendice II une notice détaillée sur le Si yu t'ou tché *: on pourra voir ainsi quelle est l'économie de ce travail académique, et quelle sorte de renseignements l'on peut y puiser.*

CAMILLE IMBAULT-HUART.

道光重定回彊記

HISTOIRE
DE
L'INSURRECTION DES TOUNGANES

SOUS LE RÈGNE DE TAO KOUANG

(1820—1828)

D'APRÈS LES DOCUMENTS CHINOIS

HISTOIRE
DE
L'INSURRECTION DES TOUNGANES
SOUS LE RÈGNE DE TAO KOUANG̃
(1820—1828)

I.[1]

Coup d'œil sur l'histoire du Turkestan oriental depuis l'invasion des Mongols. — Établissement de la religion mahométane dans le Turkestan. Guerre des Chinois contre les Eleutes et les deux K'odjas. — Création d'une administration chinoise dans le pays conquis ; incapacité des gouverneurs ; leur mauvaise conduite ; révolte d'Ouché.

Lorsque les Mongols, comme les eaux débordées d'un fleuve impétueux, s'élancèrent de leurs steppes pour fondre sur l'Asie occidentale d'abord, puis sur l'Europe même, le Turkestan oriental, dont les États n'avaient jusqu'alors été que tributaires de l'Empire chinois sans en faire partie intégrante, fut obligé de suivre la destinée des autres pays de l'Asie centrale, et passa sous la domination de

[1] Le récit de Oueï Yuann occupe le chapitre V du livre IV de son histoire. Les détails qui suivent, jusqu'à la création d'une administration chinoise dans le Turkestan, sont extraits des quatre premiers chapitres renfermant l'histoire de la soumission des Dzongars et des Mahométans sous Tç'ienn long̃.

成吉思汗 Tchinggis k'an. A la mort de ce redoutable conquérant, il constitua une partie de la yourte ou apanage de son second fils 哈薩台 Tchagataï,[1] dont il vit régner les descendants et les princes vassaux pendant de longues années, dans le temps même que l'Empire mongol avait cessé d'exister.[2]

Cependant, la religion de Mahomet, ou comme disent les Chinois, la *secte fleurie*,[3] s'était répandue dans toute l'Asie, avait pénétré dans le Turkestan du temps des dynasties des Soueï et des T'anḡ,[4] avait fini insensiblement par en expulser, ou comme parle Oueï Yuann, par balayer la religion bouddhique,[5] et y régner presque complètement. Vers la fin de la dynastie des Minḡ,[6] un descendant de Mahomet à la vingt-sixième génération, nommé 瑪墨特 Ma mo t'o (Mahmoud), attiré sans doute par les Mahométans fixés dans la contrée, vint s'établir à Kachgar et fut le premier chef ou roi maho-

[1] Ce nom est ordinairement mieux transcrit par 察合台.

[2] Sur cette période de l'histoire voyez : D'Ohsson, *Histoire des Mongols*, tome I, pag. 320; Erskine, *History of India under the two first sovereigns of the House of Taimur, Bâber and Humâyun*, London 1854, Introduction; passim, princip. Section III et Appendix B; Major David Price, *Chronological Retrospect*, London 1821, tome III.

[3] 花門 'Houa meunn. Les Chinois désignent plus ordinairement la religion de Mahomet sous le nom de 回教 'Houeï tçiao, religion des 'Houeï ou Mahométans.

[4] La dynastie des 隋 Soueï a régné sur la Chine de 581 à 618 de notre ère; celle des 唐 T'anḡ, de 618 à 907.

[5] 掃佛教.

[6] La dynastie des 明 Minḡ a occupé le trône de 1368 à 1644.

métan.[1] Toutes les villes reconnurent bientôt ses lois et chassèrent les derniers princes mongols qui se retirèrent au-delà des Monts Célestes. Lors s'éleva la redoutable puissance des Œlet ou Eleutes, tribu mongole établie au nord des T'ienn chann, qui descendit dans les plaines du Turkestan, assujétit toute la contrée et fit envoyer les principaux chefs mahométans en otage à Ili. Le chef de cette tribu, le célèbre 噶爾丹 Galdan, désireux de renouveler les exploits de Tching gis k'an, étendit ses conquêtes vers l'Est, mais là il eût à se mesurer avec les armées chinoises que les Mongols Kalkas avaient appelées à leur secours. Battu non sans difficulté, il ne put empêcher ses troupes de se disperser, et voyait le moment où il allait être contraint de se livrer entre les mains de l'empereur K'ang̃ chi, quand il mourut subitement.[2]

Un des chefs mahométans resté en otage à Ili, 阿布都實特 A pou tou ché t'o, fit sa soumission à l'empereur K'ang̃ chi, qui le fit reconduire à Yarkand (1696). Son fils 瑪罕木特 Ma 'hann mou t'o (Mohammed) souffrait avec peine les lois que les Chinois lui avaient imposées, mais ses deux fils, gardés en otage, furent les gages de sa fidélité. L'aîné de ses

[1] Voyez l'appendice III.

[2] L'empereur 康熙 K'ang̃ chi qui fut contemporain de Louis XIV et qui a mérité d'être comparé au Grand roi tant par son long règne que par ses talents, a occupé le trône de 1662 à 1722. La guerre qu'il eut à soutenir contre les Eleutes fut terrible et sanglante; on en peut voir les détails dans l'*Histoire générale de la Chine* du P. de Mailla, tome XI. Voyez également Rémusat, *Nouveaux Mélanges Asiatiques,* tome II.

fils s'appelait 博羅尼都 Po lo ni tou (Boronitou),[1] le cadet 霍集占 ʿHouo tsi tdchann (Kʿodzidchan) : ils sont connus dans l'histoire sous le nom de Grand et Petit Kʿodja.[2] Mis en liberté en 1755, Kʿodzidchan revint à Yarkand pour y gouverner tandis que Boronitou restait à Ili. Lorsqu'éclata la révolte d'Amoursanan, Boronitou embrassa le parti des rebelles, et, ceux-ci vaincus, chercha un refuge auprès de son frère. Le général chinois Tchao ʿHoueï exigea qu'il revînt se constituer prisonnier; les deux frères répondirent en levant l'étendard de la révolte : la guerre fut acharnée et sanglante, mais les Mahométans, malgré leur courage, malgré leurs prodiges de valeur, ne purent triompher de l'habileté de Tchao ʿHoueï, ni de la discipline de ses troupes. Les deux Kʿodjas, défaits, durent chercher leur salut dans la fuite et crurent trouver un asile dans le Badakʿchan; leur espoir fut déçu : le Kʿan de ce pays vint à leur rencontre avec toutes ses forces, livra bataille aux débris de l'armée mahométane, et n'eut pas de peine à être victorieux et à s'emparer des deux Kʿodjas. A cette nouvelle Tchao ʿHoueï exigea que l'on les lui livrât: la tête de Kʿodzidchan lui fut seule présentée; quant au cadavre de Boronitou, enlevé sans doute par quelqu'un des siens, il ne fut retrouvé qu'au bout de quelque temps et sur le champ livré au général chinois.[3]

[1] Certains auteurs écrivent 布那敦 Pou na tounn et 布拉呢敦 Pou la ni tounn.

[2] 大小和卓.

[3] Sur ces faits, consultez le P. de Mailla, *loco citato;* Klaproth, *Magasin Asiatique,* tome II.

Une fois la conquête du Turkestan terminée et la contrée entièrement assujétie, il fallut établir une administration civile et militaire, qui permit de tenir en bride la population mahométane. A cet effet tout en laissant en charge les 伯克 Po k'o (begs), ou magistrats indigènes, on établit dans chaque ville un 辦事大臣 Pann ché ta tch'enn ou gouverneur, ayant sous ses ordres un certain nombre de receveurs de taxes, de magistrats subalternes et de commis, et, pour les aider dans les affaires à traiter avec les indigènes, plusieurs 筆帖式 Pi tié ché ou interprètes.[1] Tous les gouverneurs relevaient du 參贊 Ts'ann tsann ou secrétaire résidant à Kachgar, lequel était lui-même placé sous la juridiction du 將軍 Tsiang̃ tçiunn,[2] maréchal commandant à Ili.[3]

Le choix de ces gouverneurs ne fut pas fait dès l'abord avec beaucoup de soin, et si dans la quantité il y en eut qui surent être à la hauteur de leurs fonctions, il y en eut aussi qui faillirent soulever la population mahométane contre la domination chinoise. Ainsi le gouverneur d'Ouché, 蘇成 Sou tch'eng̃, adonné à la boisson, plongé dans la débauche, s'était attiré le

[1] *Pi tié ché* est la transcription chinoise du mot mandchou *bit k'esi,* lettré; les Pi tié ché jouent aussi le rôle de greffiers.

[2] Le titre officiel complet de ce haut dignitaire était 總統伊犁等處將軍 maréchal gouvernant en chef l'Ili et autres endroits; ce poste a été créé la vingt-septième année Tç'ienn long̃ (1762).

[3] Ili est le nom donné tant à la contrée située au nord des Monts Célestes, qu'à sa capitale même 固爾扎 Kouldja; la ville chinoise, qui porte le nom de 惠遠 'Houeï yuann, a été bâtie la vingt-neuvième année Tç'ienn long̃ (1764).

mépris et la haine des habitants; un beau jour il fut assassiné dans son prétoire, les Mahométans coururent aux armes et en un moment le pays fut en feu. La défaite du gouverneur d'Aksou, qui avait cru pouvoir réprimer ce mouvement avec le petit nombre de troupes dont il avait le commandement, ne contribua pas peu à étendre la rébellion et toutes les villes de l'est auraient peut-être même secoué en peu de temps le joug des Chinois, si le maréchal commandant à Ili 明端 Ming̃ Joueï, celui-là même qui devait périr dans les plaines de la Birmanie quelques années plus tard,[1] n'était accouru avec toutes ses forces et ne s'était après un bombardement de plusieurs jours, emparé d'Ouché, dont il passa tous les habitants au fil de l'épée.[2]

[1] Voyez *Histoire de la conquête de la Birmanie par les Chinois sous le règne de Tç'ienn long̃* dans le *Journal Asiatique*, Février-Mars 1878, pag. 159. Tirage à part, pag. 29.

[2] Les guerres entre les Tounganes et les Chinois sont toujours faites avec une cruauté inouïe; lorsque les premiers se révoltent, ils massacrent les garnisons chinoises; quand les Chinois reprennent le-dessus, ils passent au fil de l'épée les habitants des villes dont ils s'emparent : c'est ainsi qu'il y a quelques mois, l'on a appris par les journaux les massacres accomplis par les Chinois vainqueurs après la répression par le général Tso Tsong̃ t'ang̃ de la redoutable insurrection de 1862; ce n'étaient en somme que des représailles.

II.

Mauvaise administration des fonctionnaires; leurs exactions. — Soulèvement de quelques tribus Bourouts. — Leur chef; qui était; sa famille. Il est battu dans une première rencontre. — Pi Tsing, gouverneur incapable, est remplacé. — Djihanguir infeste la frontière (1824—1825), défaite de Pa yenn t'ou. — Djihanguir, à la tête de forces considérables, franchit la frontière; arrive à Kachgar; triomphe des troupes chinoises. — Conclut un traité d'alliance avec K'okand; sa mauvaise foi; s'empare des quatre villes de l'ouest.

Le gouvernement chinois, éclairé par cette révolte et sachant quelle en avait été la cause, choisit dès lors avec le plus grand soin les gouverneurs des villes mahométanes parmi les dignitaires mandchoux recommandés par leurs supérieurs et parmi les grands fonctionnaires qui, pour quelque faute, avaient été abaissés d'un rang : c'était pour ces derniers une sorte d'exil, mais un exil honorable qui leur permettait d'être encore utiles à leur pays. Ces gouverneurs, en conciliant les intérêts des Chinois et des Mahométans surent se faire aimer des populations, à tel point qu'ils furent considérés par elles comme des envoyés du ciel.[1] La tranquillité régna donc dès lors dans tous le Turkestan.

Malheureusement, cet état de choses ne devait pas subsister longtemps; la bonne administration, et, par suite, la tranquillité de la contrée, ne devaient être qu'éphémères, et les troubles allèrent éclater de nouveau, parce qu'à la longue on n'observa plus le même

[1] 仰朝使如天人.

soin dans les nominations. On en vint à employer des officiers de la garde impériale et des garnisons temporaires au-delà de la Grande Muraille; ceux-ci, ne considérant leur charge que comme un moyen de s'enrichir[1] et sachant bien que leur séjour dans les villes mahométanes n'était pas de longue durée, se hâtaient de pressurer les begs, et les populations déjà surchargées d'impôts, les voyaient chaque jour en créer de nouveaux. Les impôts s'élevèrent à Kachgar à huit ou neuf enfilades de poul par an;[2] à Yarkand à dix mille environ, à K'oten à cinq mille. Joint à cela les impôts en nature ou productions du pays tels que tapis, satin, toile, lingots d'or et autres contributions extraordinaires exigées des habitants. Les officiers et les begs se partageaient le fruit de leurs exactions : les deux dixièmes des impôts seulement étaient réservés aux gouverneurs qui, indépendants les uns des autres, éloignés d'Ili, où résidait le maréchal et par suite ne craignant ni contrôle ni surveillance, ne laissaient pas d'en prendre une part pour eux-mêmes. Les interprètes, voyant leurs supérieurs s'enrichir, voulaient agir de même, s'emparaient de tout ce qu'ils pouvaient, cherchaient par tous les moyens possibles à gagner des richesses,[3] et, se sai-

[1] 視挽防爲利藪.

[2] Le 普爾 *pou eul,* poul, en arabe *fels,* est une monnaie de cuivre valant 1 centime et 38 millième; 55 pouls valent une tenga (en chinois 騰格 *t'eng ko*) ou pièce d'argent de 76 centimes. Les Tounganes donnent à la monnaie chinoise le nom de K'ara poul, *pouls noirs.* Nons ignorons combien une 緡 *minn* ou enfilade peut valoir.

[3] 工摟括.

sissant des femmes ou filles indigènes, les traitaient comme des esclaves et se les passaient tour à tour. Les Chinois en étaient ainsi arrivés à se faire mépriser et haïr des populations; les Mahométans n'attendaient qu'une occasion pour se soulever : cette occasion ne tarda point à se présenter.

Un homme incapable, plongé dans le vice, 斌靜 Pi Tsiñg, était, la vingt-cinquième année du règne de 嘉慶 Tçia tç'iñg (1820), ts'ann tsann ou gouverneur du Turkestan : il s'était aliéné l'esprit des populations par ses vexations et ses injustices. Quelques tribus Bourouts,[1] qui avaient eu des démêlés avec lui crurent la conjoncture favorable et vinrent, au nombre de plusieurs centaines de cavaliers, faire des incursions rapides sur les frontières, espérant bien que si leurs attaques étaient couronnées de succès, nombre de Mahométans de l'intérieur se joindraient à elles. A la tête de ces Bourouts était un homme, qui méritait d'en être le chef autant par sa naissance que par ses talents, et qui allait dans

[1] Les 布魯特 Pou lou t'o (les 勃律 Po liu ou 布露直 Pou lou tché des anciens temps. Conf. T'añg chou, *Annales des T'añg*; Si yu tchouann, *Description de l'Asie centrale*) ou, comme l'écrivent les Mandchoux, Bourouts, sont les tribus nomades connues sous le nom de K'ara Kirghiz, Kirghiz noirs, qui errent sur les confins montagneux du territoire de Kachgar et du K'anat de K'okand. Ces Bourouts sont divisés en deux hordes : celle de l'est et celle de l'ouest. La première, qui comprend cinq otok ou tribus, habite au sud-ouest de la Dzongarie, au nord-est du K'anat de K'okand : elle est soumise à la Chine depuis 1758. L'autre, qui compte quinze otok, réside dans la région montagneuse située au nord de Kachgar: depuis 1759 elle est tributaire de la Chine. (*Ta ts'iñg y t'oñg tché; Si yu t'ou tché;* voyez aussi le *Voyage à Khokand de Nazarov*, traduit du russe et publié par Klaproth dans le tome premier du *Magasin Asiatique.*)

peu de temps contrebalancer la puissance chinoise dans le Turkestan; c'était un descendant des deux K'odjas: Djihanguir.[1] Son père, 薩木克 Sa mou k'o, fils de Boronitou, s'était réfugié à la mort de ce dernier, d'abord dans le Badak'chan, puis dans l'Afghanistan;[2] des trois fils qu'il eut, le second fut Djihanguir. Ce dernier, pauvre et exilé, fut réduit à gagner sa vie en chantant des psaumes de tribu en tribu pendant longtemps : grâce à sa naissance il venait d'être choisi par plusieurs tribus Bourouts pour les commander. Son parti alla croissant peu à peu, et la conduite des autorités chinoises ne contribua pas peu à l'augmenter. Ainsi un chef indigène 蘇蘭奇 Sou lann tçiu était venu annoncer à Pi Tsing̃ les incursions des Bourouts et les indices certains d'une insurrection encore latente mais qui grondait sourdement: repoussé, chassé par les secrétaires auxquels il s'adressa, il réunit les siens et fut grossir le parti des rebelles.

Cependant, malgré toutes les forces qu'il avait, Djihanguir n'eut pas un début heureux : battu dans une rencontre qu'il fit des troupes chinoises mieux disciplinées sinon plus braves que les siennes, il fut obligé de chercher son salut dans la fuite. Suivi d'une trentaine de ses partisans à peine, il put échapper aux troupes

[1] Le nom de ce célèbre chef mahométan est écrit 張格爾 Tchang̃-ko-eul (la syllabe *eul* représente le plus souvent *r* dans les transcriptions chinoises de mots étrangers); les Mandchoux prononcent Tsanggar. Les Anglais ont écrit ce nom Jehangir qui doit se prononcer Djihanguir. Djihanguir, qui en persan signifie «conquérant du monde», a été le nom du célèbre fils d'Akbar qui régna à Delhi de 1605 à 1627.

[2] Les Chinois écrivent 敖罕 Ao'hann ou 愛烏罕 Aï-vou-'hann.

qui le poursuivaient; il manqua même d'être pris en repassant la frontière : les Chinois arrivèrent à son bivouac peu après son départ et y trouvèrent ses feux flambant encore.

Pour que les causes de cette révolte ne parvinssent point aux oreilles de l'empereur, Pi Tsinḡ ordonna, au milieu d'un festin qu'il donnait à Kachgar à l'occasion de la fête de la mi-automne, que les prisonniers, au nombre d'une centaine environ, dont on s'était emparé, fussent mis à mort : ce qui fut fait. Ce massacre ne lui servit de rien : l'empereur 道光 Tao kouanḡ,[1] qui venait de monter sur le trône, trouva le rapport de Pi Tsinḡ diffus, ambigu, et s'étonna de ce que les causes de la rébellion n'eussent pas été expliquées. Ses soupçons naissants furent confirmés par de nombreux placets envoyés par des magistrats indigènes ou des officiers mandchoux où étaient dévoilées l'incapacité, la conduite injuste et tyrannique de Pi Tsinḡ. Le maréchal commandant alors à Ili, 慶祥 Tçinḡ Sianḡ, reçut l'ordre d'aller faire une enquête minutieuse sur tout ce qui s'était passé et examiner si les plaintes étaient fondées. Dès son arrivée à Kachgar, Tçinḡ Sianḡ reçut de tous côtés des placets et mémoires où l'on accusait Pi Tsinḡ de laisser ses subordonnés et ses domestiques accabler d'insultes chaque jour les begs, de se livrer à la dé-

[1] L'empereur Tçia Tç'inḡ, en faveur de qui son père Tç'ienn lonḡ avait abdiqué en 1796, mourut le 2 septembre 1820; son successeur Tao Kouanḡ, sous le règne duquel a eu lieu la première guerre européenne avec la Chine, est mort en 1850.

bauche la plus désordonnée, et à toutes sortes d'injustices et de vexations; il vérifia l'exactitude de ces accusations et adressa son rapport à l'empereur : Pi Tsing̃ fut dégradé et appelé à Péking̃ pour y passer en jugement. Il fut remplacé par 永芹 Yong̃ Tçinn, mais celui-ci, n'étant pas non plus à la hauteur du poste qui lui avait été confié, céda peu après la place à Tçing̃ Siang̃; le ministre d'état 長齡 Tchang̃ Lĭng̃ remplaça celui-ci comme maréchal commandant à Ili.

Sur ces entrefaites, Djihanguir, à la tête de quelques corps Bourouts, avait infesté les frontières et semé l'alarme dans les garnisons (1824—1825); de temps en temps, lorsqu'il était trop pressé par les troupes envoyées à sa poursuite, il amusait les autorités chinoises par des paroles de soumission; puis, dès qu'il avait réuni quelques troupes, il recommençait la lutte. Il échappait toujours aux poursuites, averti à temps de l'arrivée des troupes chinoises ou de la direction qu'elles prenaient, par les Mahométans de l'intérieur, dont la plupart lui servaient d'espions. C'est ainsi que 阿布都拉 A pou tou la (Abdallah), oncle maternel de Tçing̃ Siang̃, en qui ce dernier avait pleine confiance, servait sous main la cause des rebelles et transmettait à Djihanguir des renseignements, qui ne laissaient pas de lui être utiles. Cependant que les forces des révoltés allaient croissant, un petit succès vint augmenter tout ensemble et leur audace et leur nombre. Un jour du neuvième mois (octobre 1825), le commandant 巴彥圖 Pa yenn tʻou, averti de la présence de Djihanguir dans les environs, franchit la frontière et se mit à sa poursuite : il fit quarante lieues sans pouvoir le rencontrer. Il se contenta de massacrer jusqu'au dernier les femmes et les enfants d'une tribu Bourout dont le campement s'était trouvé sur sa route et, satisfait de cet exploit, reprit le même chemin par où il était venu. Le chef de la tribu, à la nouvelle de ce massacre, voulut en tirer vengeance : réunissant à la hâte deux mille des siens, il se lança à la poursuite des troupes chinoises et les atteignit dans le temps qu'elles traversaient une vallée : les Chinois, marchant à la débandade, sans observance de rang, surpris à l'improviste et combattant avec le désavantage de la position, ne se défendirent pour ainsi dire pas et furent tués jusqu'au dernier.

Ce succès eut des résultats considérables : de nombreux Mahométans vinrent se joindre aux Bourouts et un corps de troupes d'Andidchan[1] vint se ranger sous

[1] Andidchan ou Endidjan, en chinois 安集延 Ann tsi yenn, actuellement l'une des principales villes du K'anat de K'okand, a été la capitale de l'ancienne province de Ferghanah; le sultan Bâber a donné la description de la contrée au commencement de ses mémoires (voyez traduction française de M. Pavet de Courteille, Paris 1871, tome I, pag. 1—10); quelques détails extraits des auteurs chinois ne seront peut-être pas déplacés ici : « Sous la dynastie des 'Hann (206 avant J.-Chr. — 264 après J.-Chr.) le territoire d'Andidchan fit partie du royaume de 大宛 Ta yuann (宛 lu ici *yuann* et non *ouann* selon le dictionnaire de K'ang̃ chi); sous la dynastie des 魏 Oueï (386—535) il fut connu sous le nom de 洛那國 Lo na Kouo, royaume de Lo na; du temps de la dynastie des 隋 Soueï (581—618) il fut connu sous le nom de 鏺汗 Po 'hann; sous les 唐 T'ang (618 à 907) il fit partie du royaume de 寧遠 Ning̃ yuann. Situé à cinquante lieues au nord-ouest de Kachgar, à l'est il touche aux frontières de Kachgar, au sud il touche aux Ts'ong̃ ling̃, au nord il est baigné par le fleuve Naryn (那林 Na linn, ainsi les Chinois appellent le Syr déria); au nord-ouest il est limitrophe du territoire de Namanghan. » Sous le nom d'Andidchan

les drapeaux de Djihanguir. Celui-ci, se voyant à la tête de forces suffisantes, franchit la frontière et envahit le territoire des villes mahométanes; il se rendit d'abord au tombeau des anciens K'odjas pour y faire un pèlerinage : ce mausolée, appelé Matsa par les Mahométans,[1] est situé à huit lieues de Kachgar; il se compose de trois enceintes et a deux kilomètres de tour.[2] A la nouvelle de l'approche de Djihanguir, Tçing̃ Siang̃ ordonna au vice-gouverneur 舒爾哈善 Choy eul 'ha chann et au commandant 烏凌阿 Vou ling̃ a d'aller l'attaquer avec mille hommes environ. Le combat se livra non loin du mausolée : quatre cents Mahométans y perdirent la vie; les autres parvinrent à se réfugier dans le tombeau; la position était forte, les Mahométans auraient pu tenter une résistance vigoureuse et arrêter longtemps les efforts des assiégeants; mais, attaqués de plusieurs côtés à la fois, ils profitèrent de ce que les troupes chinoises étaient disséminées pour faire une sortie et franchir leurs lignes.

les Chinois comprennent souvent aussi le K'anat de K'okand tout entier, parce que c'est la ville avec laquelle ils ont le plus de relations commerciales; depuis 1759, époque à laquelle le général Tchao 'Houeï, poursuivant K'odzidchan, arriva à Andidchan, toute la contrée a été considérée comme soumise à la Chine. (*Ta ts'ing̃ y t'ong̃ tché; Si yu t'ou tché.* Voyez aussi *Histoire de l'Asie Centrale par Mir Abdoul Kerim Boukhary, publiée, traduite et annotée* par M. Schefer, Paris 1876.)

[1] Les deux mots 瑪雜 Ma tsa sont la transcription du mot arabe *Mezar* tombeau d'un saint ou d'un grand personnage que l'on visite en pèlerinage. Le Mezar le plus célèbre de la Kachgarie est celui de Hazreti Afaq mort en 1693.

[2] Les Chinois comptent les distances par *li* ou dixième de nos lieues. Dans le cours de notre traduction nous n'entendrons parler que de lieues françaises.

Djihanguir, ainsi échappé, réunit les débris de son armée, puis, recevant un secours de dix mille hommes environ, se porta de nouveau hardiment en avant. Les Chinois, trop inférieurs en nombre pour résister, abandonnèrent les postes-frontières et se replièrent sur Kachgar. Tçing̃ Siang̃ établit trois camps autour de cette ville et en donna le commandement à Vou ling̃ a et à 穆克登布 Mou kʻo teng̃ pou; mais, au lieu d'attendre les insurgés de pied ferme, il commit la faute d'aller à leur rencontre et de leur livrer bataille. Le combat eut lieu sur les bords de la rivière 渾 ʻHounn : Tçing̃ Siang̃ périt dans l'action avec un grand nombre des siens. Les survivants, coupés dans leur retraite par les vainqueurs, ne purent rentrer à Kachgar; sept cents des leurs purent seulement s'enfuir à Aksou.

Tout victorieux qu'il fut, Djihanguir craignit que les troupes en garnison dans le Tʻienn chann peï lou ne fussent rapidement réunies et envoyées au secours de Kachgar : il songea à se procurer des alliés et dépêcha un émissaire pour signer un traité d'alliance offensive et défensive avec le Kʻan de Kokand. Les troupes de Kokand et surtout celles d'Andidchan sont réputées les plus braves et les plus courageuses des troupes mahométanes; à tel point que l'on dit en proverbe: «Un seul guerrier d'Andidchan vaut cent soldats mahométans».[1] Ce devait donc être un grand secours pour Djihanguir, s'il pouvait attirer le Kʻan dans son parti.

[1] 百回兵不如一安集延

Son émissaire réussit dans sa mission au-delà de toute espérance et conclut avec le K'an un traité aux termes duquel ce dernier promettait un secours actif aux insurgés, à la condition de garder les enfants et les filles que l'on prendrait dans les villes, et de recevoir en cession la ville de Kachgar et son territoire. En conséquence de ce traité le K'an de Kokand arriva au camp de Djihanguir durant le septième mois (août) à la tête de dix mille hommes. Djihanguir, qui avait appris par ses espions que Kachgar ne serait pas secourue, s'était repenti d'avoir signé le traité : il ne voulut pas remplir les conditions y insérées. Le K'an, outré d'un tel manque de foi, ordonna à ses troupes d'attaquer la ville ; l'assaut n'ayant pas réussi, il craignit que les troupes insurgées ne lui coupassent la retraite et qu'il n'eut ainsi à combattre des ennemis de deux côtés, en conséquence il se retira avec ses troupes durant la nuit. Djihanguir, apprenant cette retraite, dépêcha des émissaires pour tâcher à faire revenir quelques-uns des corps Kokandiens : deux ou trois mille hommes environ revinrent faire cause commune avec l'insurrection; le descendant des K'odjas en fit sa garde d'honneur.

Incontinent après, le 20 du huitième mois (septembre), Kachgar, attaquée par des forces supérieures, n'ayant plus d'espoir d'être secourue à temps, se rendit aux insurgés ; et en peu de temps Yenghi Hissar, Yarkand, K'oten, tombèrent également au pouvoir de Djihanguir.

Le territoire des quatre villes de l'ouest était donc perdu pour les Chinois.[1]

III.

Préparatifs d'une campagne nouvelle. — Avis de Tchanḡ linḡ. — Les Mahométans marchent sur Aksou. — Bataille perdue par les Chinois. — Combats divers sous Aksou. — Combat d'Orpinḡ. — Évènements à K'oten. — Reprise de cette ville.

A la nouvelle des succès de plus en plus considérables que remportait l'insurrection, l'empereur Tao kouanḡ

[1] Les Chinois appellent 西四城 Si sseu tch'enḡ, les quatre villes de l'ouest, les cités de Kachgar, Yenghi Hissar, Yarkand et K'oten. Kachgar, en chinois 喀什噶爾 K'a ché ko eul, la capitale du royaume de 疏勒 Sou lo de l'époque des 'Hann (voyez l'appendice IV), est située à quatre-vingt-douze lieues au sud-ouest d'Ouché : elle compte 66.413 habitants; c'est la ville la plus populeuse et la plus importante du Turkestan. La garnison ne compte que 959 hommes, à savoir 334 fantassins et cavaliers mandchoux sous les ordres d'un Tsann linḡ ou chef de bataillon, et 625 fantassins et cavaliers chinois sous un Tsann tsianḡ ou colonel. Sous le règne de K'anḡ chi, Kachgar fut le quartier général du K'odja Boronitou.

Yenghi Hissar, 英吉莎爾 Ynḡ tçi cha eul ou 英噶薩爾 Ynḡ ko sa eul, est une petite ville située à mi-chemin de Kachgar et de Yarkand, il s'y trouve une garnison de 280 hommes, 80 mandchoux et 200 chinois.

Yarkand, 葉爾羌 Yé eul tçianḡ, est à cinquante lieues au sud-est de Kachgar. C'est le 莎車國 Cha tçiu kouo, royaume de Cha tçiu, des 'Hann. Les Chinois ne la connaissent sous le nom de Yarkand que depuis la dynastie des Minḡ (1368—1644). Les indigènes lui donnent le nom de 葉爾奇木 Yerkim. La ville, bâtie sur une éminence, a une assiette très forte; les rues en sont tortueuses, les maisons nombreuses rapprochées les unes des autres; elle a une lieue environ de tour. La garnison est de 891 hommes : 211 Mandchoux sous un tso linḡ ou capitaine, 680 Chinois sous un fonḡ tsian ou lieutenant-colonel. La principale pro-

ordonna à 楊遇春 Yang Yu-tch'ounn, alors vice-roi par intérim du Chănn kann[1] de se mettre, avec le titre de commissaire impérial, à la tête des cinq mille hommes cantonnés dans la vice-royauté, d'aller à marches forcées

duction de la contrée est le jade dont on trouve des blocs dans la rivière (le Yarkand déria); les morceaux ont différentes grosseurs depuis celle d'un boisseau (斗) jusqu'à celle du poing ou d'une prune; il y en a qui pèsent jusqu'à trois et quatre cents tçinn (livres chinoises), les couleurs en sont variées : il y en a de blanc comme la neige, de jaune comme la cire, rouge de cinabre, noir d'encre, vert de saphir. Le coton et la toile sont des objets d'exportation.

La quatrième des quatre villes de l'ouest est 和闐 'Ho tienn, l'ancienne 于闐 Yu tienn dont-il est parlé dans le *Ts'ienn 'Hann chou* ou Annales des 'Hann antérieurs; ce nom est écrit quelquefois 玉闐 Yu tienn, 玉 Yu signifiant jade, sans doute par allusion à cette pierre précieuse, l'une des principales productions de la contrée; 瞿薩旦那 Tçiu sa tann na est la transcription de son nom sanscrit Koustana, mamelle de la terre. Sur les cartes publiées récemment en Chine et au Japon elle porte le nom de 伊里齊 I li tsi ou 額里齊 O li tsi (Iltchi) qui est le véritable nom de la capitale de la contrée appelée K'oten. La population de K'oten s'élève à 44.603 habitants; la garnison n'est que de 232 soldats chinois et mandchoux commandés par un Tou sseu ou major. On trouve dans la contrée du millet, du chanvre, des mûriers, des troupeaux de mulets et de chameaux. Le jade de K'oten est réputé le plus beau et par suite le plus estimé : il en est déjà fait mention dans le 史記 *Ché tçi* ou Mémoires historiques de 司馬遷 Sseu ma Tç'ienn. On y trouve aussi de l'or. (Voyez *Ta ts'ing y t'ong tché* et *Si yu t'ou tché;* le voyage à Péking de Timkouski dont le tableau du Turkestan est traduit du 西域聞見錄 *Si yu ouenn tçienn lou ;* Résumé de ce qui a été vu et appris de l'Asie centrale, par l'officier mandchou 七十一 Ts'i ché y. Voyez en outre le *Report of a mission to Yarkand* by Forsyth, *High Tartary* by Shaw, les *Notices sur les pays et les peuples étrangers* de M. Stanislas Julien dans le *Journal Asiatique,* Août-septembre 1846, et Abel Rémusat, *Histoire de Khotan.*

[1] La vice-royauté du 陝甘 Chănn kann comprend les deux provinces chinoises du 陝西 Chănn si (que l'on écrit ordinairement Chenn si, encore que l'on prononce *Chann,* pour distinguer cette province de celle du 山西 Chann si qui se prononce de même) et du 甘肅 Kann sou.

à ʻHami[1] se réunir aux troupes qui s'y trouvaient et de là marcher en avant. En même temps il nommait 鄂山 Ao chann, alors gouverneur par intérim du 陝西 Chănn si, vice-roi du Chănn kann par intérim, et enjoignit à 盧坤 Lou kʻouann, gouverneur par intérim du Chănn si de se rendre à 肅州 Sou tchéou,[2] pour y préparer les subsistances nécessaires à l'armée pendant la campagne qui allait s'ouvrir.

C'était témérité que d'entreprendre avec si peu de troupes une campagne difficile contre un ennemi supérieur en nombre et rendu plus entreprenant par ses victoires. L'empereur Tao kouang qui en traçait le plan du fonds de son palais ne pouvait être au courant des obstacles nombreux dont la route était semée; heureusement que le maréchal commandant à Ili, Tchang ling, homme d'État remarquable, avait déjà résidé pendant longtemps dans le Turkestan et était rompu aux affaires mahométanes : connaissant parfaitement le champ clos où la lutte allait s'engager, il adressa un mémoire à

[1] L'importante ville de Kʻamil ou 哈密 ʻHami est située à l'extrémité orientale des Monts Célestes. C'est l'ancienne 伊吾盧 Y ou lou. Elle forme deux villes : la vieille et la nouvelle. La première, réparée en 1717, est située au milieu d'une plaine et a deux kilomètres environ de tour; les maisons y sont bâties de terre. La seconde, construite en 1727, n'a pas cinq cents mètres de circonférence : c'est dans cette dernière que résident les autorités chinoises et la garnison qui se compose de 800 hommes, tant chinois que mandchoux.

[2] Sou tchéou, la Siccui de Marco Polo (v. Pauthier, édit. de Marco Polo, p. 163), est une ville départementale de la province du Kann sou, située sur la route qui mène du Turkestan en Chine, elle est un grand entrepôt de commerce, un vaste emporium.

l'empereur sur la conduite à tenir en ces conjonctures: «Toute la contrée est en feu,» y disait-il, «tous les Mahométans sont en mouvement. Kachgar, qui est devenue le quartier général des insurgés, est à deux cents lieues d'Aksou et la route qui relie ces deux villes, ayant à traverser une grande partie du désert de Gobi, offre de sérieux dangers. Ce n'est pas avec les six mille hommes cantonnés à Ili ou à Ouroumtsi[1] que l'on pourra triompher des insurgés et leur reprendre les villes tombées en leur pouvoir. Il n'est qu'un seul moyen, c'est d'agir avec des forces supérieures : il faut envoyer le plus tôt possible quarante mille hommes : avec quinze mille on gardera les villes ou bourgs où seront les dépôts de subsistances et de munitions, tandis qu'avec les vingt-cinq mille autres on marchera en avant.»

Tao kouang̃ vit bien que Tchang̃ ling̃ était le seul homme capable de diriger les opérations : il le nomma général en chef. En même temps il ordonnait à Vou ling̃ a, gouverneur de la province du Chann tong̃, de prendre le commandement de trois mille cavaliers des provinces mandchoues de 吉林 Girin et de 黑龍江 ʿHeï long̃ tçiang̃ et d'aller opérer sa jonction avec Yang̃ Yu-tchʿounn sous les murs d'Aksou. Tous les préparatifs de la campagne furent faits avec soin et diligence

[1] Ouroumtsi (烏魯木齊 Ou lou mou tsi), dont le nom chinois est 迪化州 Ti ʿhoua tchéou, le 北庭 Peï tʿing̃ de la dynastie des Tʿang̃, le Bichbalik du moyen âge, est une ville importante située dans le Tʿienn chann peï lou, au nord de Pidchan. C'est là que passe la grande route qui mène à Ili; un 都統 Tou tʿong̃ ou général, placé sous le commandement du Maréchal d'Ili, y réside.

sur les avis de l'empereur lui-même : Tao kouanğ veilla à tout. D'après ses ordres, l'intendant général [1] traça sur des cartes les routes que les troupes devaient suivre, les étapes qu'elles devaient faire, les endroits où elles devaient faire halte. Le même soin fut apporté aux subsistances : on avait d'abord commencé à rassembler à Sou tchéou des vivres et des munitions qui, de là, par la route qui passe par Tçia yu kouann [2] et mène à 'Hami, auraient été transportées en cette dernière ville ; mais on jugea ensuite avec raison que Sou tchéou était beaucoup trop éloignée du théâtre des opérations. En conséquence on décida de faire transporter à Aksou les vivres rassemblés à Ouroumtsi et les grains achetés à Ili ; l'on économisait de cette façon plus de la moitié du temps qu'il aurait fallu pour les faire venir de Chine même. Quant aux armes et aux munitions elles furent transportées par la route septentrionale d'Ouroumtsi, à travers les 冰嶺 Pinğ linğ (Monts de Glace). [3] Des

[1] 總理糧餉大臣.

[2] 嘉峪關 Tçia yu kouann, la passe ou poste-frontière de la Belle vallée, qui dépend de Sou tchéou (vide suprà), est située dans la partie occidentale de la province du Kann sou et constitue l'une des principales portes du 萬里長城 Ouann li tch'anğ tch'enğ, le long mur de dix mille li ou Grande muraille, du côté de l'ouest.

[3] *Pinğ linğ* signifie proprement passage de montagne couvert de glace, en mongol *musun dabaghan.* Ce passage a dix lieues de longueur ; il est formé de blocs de glace entremêlés de larges rochers ; lorsque la glace se fend et s'entr'ouvre, on aperçoit des abîmes sans fond. On ne peut gravir la montagne qu'avec des échelles que l'on est obligé de transporter avec soi d'un endroit à un autre. Hiver comme été on ne voit que monceaux de neige ; on n'y rencontre ni oiseaux, ni quadrupèdes ; on n'y trouve ni plantes ni arbres. (*Sinn tçianğ tché lio.* Livre I.)

pièces de monnaies furent fondues avec le cuivre extrait des montagnes. Plusieurs milliers de chameaux, vingt mille chevaux, trois mille dromadaires offerts en tribut par les princes mongols furent rassemblés dans les établissements coloniaux d'Ouliyasoutaï [1] et d'Ili, afin de les avoir sous la main si besoin était. Enfin, pour augmenter encore le contingent de l'armée, on demanda à l'empereur l'autorisation de choisir deux mille hommes parmi la population flottante et les exilés des provinces du 四川 Sseu tch'ouann et du 湖南 'Hou nann, dont la plupart, ayant fait partie de la garde nationale ou milice bourgeoise, étaient déjà accoutumés au métier des armes.

En ce temps les Mahométans, maîtres des quatre villes de l'ouest, se livraient à toutes sortes de désordres et mettaient le pays à feu et à sang. Poursuivant leurs heureux succès, ils s'avancèrent graduellement vers le nord : les corps de troupes qu'ils rencontrèrent furent massacrés; les populations des villes et villages situés sur leur route furent passées au fil de l'épée. Ils arrivèrent ainsi jusqu'aux bords de la rivière 渾巴什 'Hounn pa ché (K'ounbach), à huit lieues à peine d'Aksou. A l'avis de leur approche, cette ville, en même temps qu'Ouché et Koutché, se prépara à une

[1] 烏里雅蘇臺 Ou li ya sou taï, située dans le territoire de la tribu mongole des 喀爾喀三音諾顏 Sain Noin Kalkas, est la capitale du 科布多 Kobdo. C'est le siège du 定邊左副將軍 Tinğ picnn tso fou tsianğ tçiunn ou sous-maréchal gardien des marches (ou frontières), le gouverneur militaire de la contrée.

résistance vigoureuse. Le gouverneur d'Aksou 長清 Tchang̃ Tsing̃, tenta d'arrêter la marche des insurgés : la bataille fut livrée à 都齊 Tou tsi et perdue par les Chinois. A la suite de ce succès les troupes de Djihanguir occupèrent les deux rives de la rivière : déjà elles n'étaient plus qu'à une lieue d'Aksou. Encore qu'il y eut seulement dans cette ville une garnison inférieure à mille hommes, deux cents en furent de nouveau détachés pour arrêter momentanément les ennemis. Durant le huitième mois (septembre) cinq ou six mille soldats de Yarkand furent défaits par les troupes chinoises et dans le même temps des secours arrivèrent à propos de Koutché sous le commandement de 達凌阿 Ta ling̃ a, et de K'arachar sous 巴哈布 Pa 'ha pou. Ces généraux secoururent d'abord Aksou, puis, divisant leurs troupes, coururent au secours d'Ouché assiégée ; un combat eut lieu sous les murs de cette ville : il tourna à l'avantage des Chinois ; trois cents Mahométans y perdirent la vie ; les autres prirent la fuite. Mais, alors que l'on croyait leur troupe en déroute, ils se reformèrent en plusieurs corps, traversèrent la rivière en amont pendant la nuit et vinrent ravager les environs de la ville.

Tchang̃ tsing̃ envoya contre eux une centaine de cavaliers : les chevaux, galopant sur le sable, faisaient voler autour d'eux des tourbillons de poussière et faisaient un bruit épouvantable. Les ennemis, croyant qu'un corps considérable de troupes marchait contre eux, se retirèrent sur la rive méridionale de la rivière :

Les Chinois traversèrent celle-ci après eux, mais à la vue de troupes considérables qui s'avançaient, ils se retranchèrent en un camp. Deux fois les Mahométans attaquèrent les retranchements, deux fois ils furent repoussés. Ils se décidèrent alors à rester en observation en face des troupes chinoises sans oser désormais s'aventurer sur la rive septentrionale. Dans ces différents combats ils perdirent onze cents des leurs qui périrent dans l'action ou auxquels les vainqueurs tranchèrent la tête.

L'armée chinoise qui, à l'origine, était de beaucoup inférieure à celle des insurgés, reçut de temps à autre des renforts, et vers le dixième mois (novembre) elle présenta un effectif de dix mille hommes, établis à Aksou et dans les environs. Les Mahométans n'en étaient pas loin : ils occupaient 柯爾坪 O eul p'ing̃, (Orping̃) à trente lieues d'Aksou, endroit par lequel passait la route que les Chinois devaient prendre. Là se trouvent des collines, obstacles naturels, défendues par les insurgés, et qui ne semblaient ne pouvoir être enlevées qu'avec difficulté : le général 楊芳 Yang̃ fang̃, détaché avec quelques troupes réussit cependant à s'en emparer et à s'y maintenir.

A peu près dans le même temps le beg de K'oten, ayant pu réunir deux mille des siens, s'empara tout d'un coup du gouverneur mahométan qui y commandait et le livra pieds et poings liés aux Chinois; il rendit en même temps à ces derniers le sceau de l'ancien gouverneur chinois. Il pourrait sembler étrange dès l'abord que les Mahométans de K'oten, unis aux insurgés par la religion, l'intérêt, l'amour de l'indépendance, se conduisissent ainsi à l'égard de leurs compatriotes. C'est que le beg de K'oten et les habitants de cette ville étaient des Mahométans à turbans noirs, tandis que Djihanguir et ses partisans étaient des Mahométans à turbans blancs;[1] et l'on sait quelle rivalité existe entre ces Mahométans, quelles querelles, quelles luttes incessantes ont lieu entre eux. A l'origine les Mahométans de K'oten avaient embrassé avec ardeur la cause de Djihanguir encore qu'ils ne portassent point la même couleur que lui; mais, voyant renaître bientôt entre eux et ses partisans des querelles continuelles, subissant avec peine la tyrannie de Djihanguir, ils voulaient se rejeter entre les bras des Chinois. Le beg d'Aksou

[1] Il serait peut-être hasardé de prétendre que ces appellations de 黑 ou 白 回 Mahométans noirs ou blancs, 黑 ou 白 帽 回 Mahométans à turbans noirs ou blancs sont des vestiges des deux grandes tribus turques les Kara Koinlou et les Ak Koinlou ou tribus du Mouton noir et du Mouton blanc, noms qu'elles prenaient parce que leur étendard était orné de la figure de ces animaux (voy. Malcolm, *Histoire de la Perse*, trad. franç. chap. XIII, fin). Nous croyons plutôt que ce sont là des restes de la querelle qui s'éleva entre la maison d'Abbas et l'imposteur Mocanna. Les sectateurs de ce dernier, qui se soulevèrent dans le Khorassan contre le Khalife Medhy, affectèrent en effet de porter des vêtements et des turbans blancs pour se distinguer de ceux qui obéissaient au Khalife, dont la couleur, aussi bien que celle de tous les Abbasides, était le noir (voyez D'Herbelot, *Bibl. Oriental. sub voce* Mohaiedhoun; et une savante note de Silvestre de Sacy, *Chrestomathie Arabe*, trad. tome I. p. 49, note 48; cf. également Gust. Weil, *Geschichte der Chalifen*, Mannheim, 1846—51, tome II, p. 216, à la note).

Nous avons dans le 唐 書 *T'anḡ chou* ou Annales des T'anḡ, un texte chinois sur ces faits : il a été traduit et annoté par M. Bretschneider dans son opuscule *On the Knowledge possessed by the ancient Chinese of the*

伊薩克 I sa k'o (Isaac) se hâta d'envoyer des émissaires à K'oten pour entretenir les habitants dans ces dispositions et les ramener tout à fait à la cause chinoise; il engagea même le général chinois à envoyer des troupes pour reprendre possession de la ville. Malheureusement l'hiver était venu et les neiges qui couvraient les pays montagneux par où devaient passer les troupes, empêcha celles-ci de se porter sur K'oten; les Mahométans à turbans blancs, avertis de ce qui se passait, profitèrent de ce que le beg de K'oten était livré à ses propres forces pour revenir en nombre et occuper de nouveau la ville : l'occasion fut donc perdue pour les Chinois.

IV.

Campagne de 1827. — Avis de Tchang̃ ling̃. — Marche des Chinois en avant. — Batailles de Yangabat, de Chaboudour, d'Aouabat; marche sur Kachgar; combat sous cette ville. — Siège de Kachgar qui tombe aux mains des Chinois. — Djihanguir échappé erre parmi les Bourouts. — Prises de Yenghi Hissar, Yarkand et K'oten par les Chinois.

Au printemps de la septième année (1827) Tchang̃ ling̃ adressa un rapport à l'empereur Tao kouang̃, lui faisant part de tout ce qui s'était passé jusqu'alors.

Arabs and Arabian Colonies, p. 9, auquel nous renvoyons pour plus de détails. Il y est fait mention de 波悉林 Po si linn (Abou Mouslim) qui, prenant les armes contre 末換 Mo'houann (Merwan II), ordonna à ses partisans de se vêtir de noir 應者悉令着黑衣. Élu roi, 阿婆羅拔 A po lo pa (Aboul Abas) conserva la couleur noire comme

Tao kouang traça le plan de la nouvelle campagne qui allait commencer : l'armée devait se diviser en deux corps; l'un, le corps principal, devait passer par la route du centre (qui mène d'Aksou à Kachgar) et s'avancer à la rencontre des ennemis; l'autre, destiné à jouer le rôle d'éclaireur, devait traverser les steppes d'Ouché et en sortir non loin de Kachgar pour couper la retraite aux insurgés que le premier corps aurait refoulés devant soi; des garnisons devaient rester dans les principales villes. Tchang ling fit à ce plan de judicieuses observations : «Au-delà des postes-frontières du territoire d'Ouché, dit-il dans un mémoire, jusqu'à la montagne 巴爾昌 Pa eul tch'ang (Bartchang) la contrée, hérissée de collines, coupée par le désert de Gobi sur une étendue de plusieurs dizaines de lieues, présente de grands dangers; de plus la moitié au moins des tribus Bourouts dont il faut traverser le territoire sont excitées sous main à la résistance par les insurgés : ce n'est pas avec une armée aussi peu nombreuse qu'est la nôtre que nous pourrions nous avancer au cœur du pays. En effet, si on laisse quatre mille hommes de troupes régulières à Aksou, autant à Ouché, cinq cents environ à Koutché, il ne restera, en ne comptant pas les cinq mille hommes des provinces du Sseu

celle de son parti, et les Arabes qui jusqu'alors avaient été appelés les 白衣大食 Po y Ta ché, les Ta ché (Arabes) aux vêtements blancs, furent dès lors appelés 黑衣大食 'Heï y Ta ché, Arabes aux vêtements noirs : 末換已前謂之白衣大食自阿婆羅拔後改爲黑衣大食.

tch'ouann et du Yunn nann qui ne sont pas encore arrivés, que vingt deux mille fantassins et cavaliers pour tenir la campagne; si, de plus, on divise cette petite armée en deux corps qui seront éloignés l'un de l'autre de vingt journées de marche environ et n'auront par suite que fort difficilement de leurs nouvelles réciproques, comment peut-on espérer terminer heureusement la guerre? joint que Djihanguir a réuni à Kachgar de grandes forces, cent mille hommes au moins. Si donc l'on n'a pas une seule grande armée pour agir par la route centrale et marcher directement sur Kachgar, il sera difficile de ne pas éprouver un échec. En outre, comme il est à craindre que les insurgés, une fois battus, ne cherchent à s'enfuir sur le territoire des tribus voisines, il faut ordonner secrètement aux Mahométans à turbans noirs d'aller à Kachgar les en empêcher.»

L'avis de Tchang̃ ling̃ fut suivi et le 6 du deuxième mois (mars) l'armée chinoise entra en campagne; le 14 elle arrivait à 巴爾楚 Pa eul tch'ou (Bartchouk)[1] où la route se divise : l'une des routes conduit à Kachgar, l'autre à Yarkand. Comme ce point stratégique était d'une grande importance soit pour servir d'appui à l'ar-

[1] A Bartchouk la route se divise en deux branches : l'une suit le cours du Kachgar déria qui porte dans cette partie de son cours le nom d'Oulan ousou 'ho ou Rivière rouge. (Il faudrait dire Oulan ousou ou Oulan 'ho, puisque *ousou* en mongol et *'ho* en chinois signifient tous deux *rivière*. *Oulan* en 'houeï ou turc oriental signifie *rouge*; le nom chinois de cette partie du Kachgar déria est 紅水 'hong̃ choueï, eau rouge, traduction exacte d'Oulan ousou). Cette route, qui porte le nom de Chou ouo tseu tao, se dirige vers l'ouest et mène à Kachgar. L'autre branche se dirige vers le sud-est et conduit à Yarkand (*Sinn tçiang̃ tché lio*, livre I).

mée, soit pour assurer ses communications avec le reste du Turkestan, soit enfin pour couvrir ses derrières, il y fut laissé trois mille hommes en garnison. Le 22 l'armée arriva à 大河拐 Ta ʿho kʿouaï.

Durant toute cette marche nul ennemi ne fut rencontré. On ne voyait qu'un pays dévasté et ne pouvant offrir aucunes subsistances aux troupes; celles-ci, les vivres qu'elles avaient emportées une fois épuisées, en furent réduites à manger leurs chameaux affaiblis par la marche ou leurs chevaux amaigris par les privations. Cet état de choses menaçait de durer encore longtemps : on en vint à craindre que les Mahométans, inutilement poursuivis, ne fissent retirer les populations à mesure que l'armée chinoise approchait, en laissant seulement dans les places des garnisons suffisantes pour les défendre, et ne dévastassent la contrée pour affamer leurs ennemis. A chaque instant les Chinois espéraient rencontrer les insurgés, car ils pensaient bien s'emparer après le combat de leurs provisions et de leurs vivres.

Dans la nuit du 22 le camp chinois fut soudainement attaqué par trois mille insurgés environ : ceux-ci furent repoussés avec pertes, mais ne se tinrent pas pour battus. Une première attaque ayant échoué, ils voulurent tenter de faire périr les Chinois sous les eaux ou du moins mettre obstacle à leur marche en faisant déborder une rivière voisine[1] : la route était devenue impraticable; il fallut que les Chinois déposassent leurs armes

[1] Sans doute le Oulan ousou dont nous venons de parler.

et se missent à creuser des canaux pour faire écouler les eaux. Cette attaque ne réussit pas mieux que la première : ce que voyant les Mahométans se retirèrent. L'armée chinoise reprit sa marche et arriva bientôt à 洋阿巴特 Yang̃ a pa t'o : à cet endroit le désert s'aplanit et s'élargit, mais une chaîne de collines barre la route ; vingt mille insurgés y étaient rangés en bataille, occupant les hauteurs sur une étendue de plusieurs kilomètres environ.

L'armée chinoise fit ses dispositions pour attaquer : Tchang̃ ling̃ et Yang̃ Yu tch'ounn prirent le commandement du centre ; Vou ling̃ a se plaça à l'aile gauche, Yang̃ fang̃ à l'aile droite ; le combat commença dans cet ordre. Les Mahométans, qui avaient l'avantage de la position, opposèrent une vigoureuse résistance, mais, obligés bientôt de céder devant la ténacité et l'ardeur des troupes chinoises, ils lâchèrent pied et prirent la fuite : une partie se réfugia dans les villages et hameaux voisins ; l'autre s'enfuit vers le sud. La prise et le massacre de ce dernier corps, les bêtes de somme, le bétail, les grains et provisions de toutes sortes dont les vainqueurs s'emparèrent et qui dédommagèrent amplement les soldats des fatigues et des privations qu'ils avaient jusque là essuyées, telles furent les marques de la victoire.

Les Chinois, animés d'une ardeur nouvelle, marchèrent de nouveau en avant : le 25 ils atteignaient la ville mahométane de 沙布都爾 Cha pou tou eul (Chaboudour). L'assiette de cette ville où s'étaient réfugiés un grand nombre de Mahométans, était telle : tout à l'entour étaient des lacs et des marais; la ville elle-même était entourée d'une ceinture de bosquets et de jardins. Les insurgés avaient fait déborder les lacs de façon à rendre le terrain boueux et marécageux et à empêcher ainsi les mouvements de la cavalerie chinoise; une partie des leurs s'était rangée en bataille derrière un canal; l'autre s'était cachée en embuscade derrière la ville de façon à n'être pas tournée. Dès l'abord les troupes tentèrent, à travers mille dangers, de traverser le canal : un combat sanglant se livra sur ses bords. Pendant cette attaque des troupes de cavalerie s'étaient avancées sur les ailes gauche et droite des insurgés et, traversant le canal en des endroits peu profonds, avaient fondu sur les lignes ennemies. A ce moment même les poudrières du camp mahométan prirent feu et sautèrent; les Chinois, profitant du trouble que cette explosion occasionna dans les rangs des insurgés, tombèrent sur eux avec vigueur, les mirent en pleine déroute et poursuivirent les fuyards pendant longtemps. Des drapeaux, des tambours tombèrent en quantité entre les mains des vainqueurs et plus de dix mille insurgés, faits prisonniers, furent passés par les armes.

Les rebelles placés en embuscade dans les bois derrière la ville en furent débusqués et les secours qui leur arrivaient par le pont jeté sur une rivière qui le contourne furent également défaits. A l'endroit où eut lieu ce dernier combat, la route, bordée d'un côté par la rivière, de l'autre par des hauteurs, est de plus encaissée par d'épais bosquets. Les généraux chinois, craignant que ce lieu ne celât une embuscade, laissèrent un corps de troupes en observation près du pont. L'armée côtoya la rive méridionale en continuant sa marche.

Cependant les Mahométans, quoique battus en plusieurs rencontres, n'en étaient pas pour cela complètement défaits; toujours vaincus, ils étaient toujours à vaincre. Divers corps de troupes, échappés des défaites précédentes et formant un effectif de dix mille hommes environ, s'étaient établis à 阿瓦巴特 A oua pa t'o (Aouabat'), ville située sur une hauteur et adossée à une rivière. L'armée chinoise, en marche sur cette ville, n'en était plus qu'à cinq lieues environ lorsque tout d'un coup elle vit paraître, s'enfuyant dans la campagne, des troupeaux affolés de bœufs et de moutons; le général, dont les éclaireurs avaient annoncé la proximité de l'ennemi, craignant que ce ne fut un piége tendu par les insurgés, défendit à ses soldats de se saisir de quoi que ce soit et de quitter leur rangs pour se mettre à la poursuite de qui que ce fût. Il fit arrêter son armée à une lieue des Mahométans et établit son camp dans une bonne position; puis, dans la nuit, il envoya cinq cents cavaliers de la province mandchoue de Girin reconnaître les chemins sur la droite et la gauche et arriver le jour suivant sur les derrières de l'ennemi.

Le lendemain, l'armée se rangea en bataille, en face de la position occupée par les insurgés, les fantassins des provinces du Sseu tch'ouann et du Chann si formant le centre, et la cavalerie se développant sur les deux ailes:

le combat s'engagea ainsi. Les insurgés, attaqués, simulèrent de fuir, voulant attirer les Chinois à leur poursuite et dans le dessein, dès qu'ils seraient parvenus sur les hauteurs, de faire tout d'un coup volte-face, de tomber sur eux et les rejeter en bas; mais les Chinois ne s'y laissèrent pas prendre : ils firent pleuvoir sur les retranchements ennemis une grêle de mitraille; puis une nuée de soldats vêtus de peaux de tigres et portant des boucliers d'osier[1], s'élança avec bravoure et fondit sur les retranchements. Les chevaux des Mahométans, effrayés par ce costume tout nouveau pour eux, saisis de crainte, jetèrent le trouble dans les lignes; celles-ci commençaient à flotter quand survinrent les Mahométans qui s'étaient cachés derrière la ville, accourant au secours des leurs; lors s'engagea une lutte terrible. Au milieu du fort de l'action la cavalerie mandchoue envoyée la nuit dernière apparut tout d'un coup sur les derrières des insurgés: elle tomba soudainement sur les Mahométans qui commençaient à lâcher pied : à cette attaque tout prit la fuite, ce fut une déroute complète. La moitié au moins de l'armée insurgée resta sur le champ de bataille, ou, tombée aux mains des Chinois, fut massacrée après l'action. Deux généraux de la ville d'Andidchan demeurèrent sur la place. Les vainqueurs poursuivirent les fuyards jusqu'à la rivière 洋達瑪 Yang ta ma (Yandam), à dix-huit lieues de Kachgar, et le lendemain l'armée chinoise arri-

[1] 藤牌兵虎衣. Ce sont ces soldats que les Européens ont appelé des *tigres*.

vait sur la rive septentrionale de la rivière 'Hounn : elle n'était plus qu'à quelques kilomètres de Kachgar.

A la nouvelle de son approche, les troupes mahométanes s'établirent solidement tant dans la ville même que dans les environs : elles élevèrent des retranchements qu'elles percèrent de meurtrières pour pouvoir y placer du canon, et, à leur abri, se rangèrent en lignes parallèles occupant une étendue de terrain de deux lieues environ; leur nombre s'élevait à cent mille hommes. Ces troupes, sans doute pour effrayer leurs adversaires, ne cessaient de battre du tambour et sonner la trompette : le bruit en remplissait l'air.

La nuit venue, le général chinois détacha quelques soldats déterminés, avec la mission d'aller inquiéter les ennemis et les tenir en éveil jusqu'au matin par de fausses attaques. Pendant la nuit le vent du sud-ouest s'éleva, agitant les arbres, soulevant des tourbillons de poussière, à tel point que le ciel en était obscurci. Tchang̃ ling̃, considérant le petit nombre des siens, et craignant que les insurgés ne profitassent de l'obscurité pour entourer son armée, voulait que l'on se retirât à quelque distance et que l'on se retranchât solidement dans une bonne position. Yang̃ Yu-tch'ounn, appelé au conseil, fit des objections à ce plan; il fit valoir qu'au milieu de l'obscurité les Mahométans ne pourraient discerner le petit nombre de leurs ennemis; qu'il fallait plutôt se hâter de saisir cette occasion et de profiter de la nuit pour attaquer. De plus, ajouta-t-il, une armée offensive, entourée d'ennemis comme la nôtre, n'est bonne qu'à porter des coups rapides et décisifs et non à rester longtemps dans l'inaction. Son avis prévalut; en conséquence on détacha mille cavaliers mandchoux qui durent faire un détour, et aller tenter le passage de la rivière de Kachgar en aval, de façon à attirer de ce côté une partie des forces insurgées; Yang Yu-tch'ounn lui-même, à la tête de ses troupes, effectua son passage en amont: l'avant-garde, composée de soldats armés d'arquebuses, fit pleuvoir sur les ennemis une grêle de projectiles: le crépitement de la fusillade ne le cédait pas au bruit des rafales de vent; le trouble se mit bientôt dans les rangs ennemis. Au point du jour le vent cessa tout d'un coup et l'obscurité se dissipa : les Chinois, déjà presque tous passés, profitèrent de cette éclaircie et de l'indécision des troupes ennemies pour se précipiter sur elles et les mettre en pleine déroute.

Les Mahométans, chaussés de hautes bottines, comme c'est leur mode, et de plus portant leurs vivres et leurs provisions, ne pouvaient fuir commodément et tombaient à chaque pas; aussi les vainqueurs firent-ils de nombreux prisonniers. La déroute fut complète : les Mahométans, ne connaissant ni discipline, ni aucune des ruses de la guerre, ne savent que combattre en bataille rangée; leurs lignes une fois rompues, ils ne résistent plus et cherchent leur salut dans la fuite. Cette victoire fut remportée le 1er du troisième mois (Avril).

Les Chinois, profitant de leur victoire, vinrent mettre le siége devant Kachgar où s'étaient retirés plusieurs corps insurgés. Kachgar forme pour ainsi dire deux villes:

de même que dans les villes chinoises il y a une ville chinoise et une ville tartare, dans les villes du Turkestan il y a une ville chinoise et une ville mahométane. Au bout de quelques jours de siége la ville chinoise tomba aux mains des assiégeants et peu après la ville mahométane avait le même sort. On y fit prisonniers le neveu de Djihanguir, 薩木汗 Sa mou ʻhann qui avait pris le titre de roi (Kʻan) et plusieurs autres begs qui avaient embrassé le parti des insurgés. Malgré ces heureux succès et encore que les Mahométans eussent perdu beaucoup des leurs, que le nombre des prisonniers faits dans toute la campagne s'élevât à quatre mille, la guerre ne pouvait pas être considérée comme terminée, ni l'insurrection comme étouffée, puisque le descendant des Kʻodjas avait échappé par la fuite à ses vainqueurs.

L'empereur Tao kouang̃, auquel un rapport détaillé avait été adressé, fut mécontent de la façon dont cette campagne avait pris fin; à son commencement il avait espéré que ses généraux en finiraient d'un seul coup avec l'insurrection et que la victoire serait couronnée par la prise de Djihanguir, son instigateur et son chef. Les troupes chinoises étaient bien parvenues au gîte, mais le gibier ne s'y trouvait plus[1] : il s'était dérobé par la fuite. L'empereur enleva à Tchang̃ ling̃ la Bride violette, marque honorifique qu'il avait méritée par ses exploits antérieurs, et ôta à Yang̃ Yu-tchʻounn et à Vou ling̃ a les titres de gouverneur et vice-gouverneur de l'héritier

[1] 臨巢兎脫 litt. le lièvre s'était évadé quand l'on s'était approché de son gîte.

présomptif du trône[1]. En outre il fixa un délai dans lequel ces généraux devaient s'emparer de Djihanguir, mort ou vif.

Tandis que Vou ling a, malade, était obligé de rester à Kachgar, Yang Yu-tch'ounn attaquait et prenait le 5 du huitième mois (septembre) la ville de Yenghi Hissar : le 16 du même mois il voyait Yarkand tomber également entre ses mains; maître des trois principales villes de l'ouest il envoya Yang fang reprendre K'oten avec six mille hommes.

Dans ce contre-temps les troupes d'Andidchan que Djihanguir avait appelées à son secours, ayant épuisé les richesses pillées dans le sac des différentes villes, s'étaient mises à faire main basse sur les familles Mahométanes et leurs richesses, et Djihanguir, rendu furieux par sa défaite, massacrait au hasard les Mahométans qui se trouvaient à sa portée. Abandonné des quelques partisans qui lui restaient, voyant tout espoir perdu pour lui, il demanda asile au K'an de Kokand; celui-ci, gagné sans doute par les présents des Chinois, ou craignant de s'attirer une guerre en lui donnant asile, refusa de le recevoir. Djihanguir fut réduit à se cacher parmi les tributs Bouroutes, obligé pour vivre de mendier ça et là sa subsistance.

[1] Les titres de 太保 T'aï pao et de 少保 chao pao, gouverneur et vice-gouverneur du prince impérial 太子, héritier présomptif de la couronne, sont purement honoraires : celui de 太子少保 T'aï tseu chao pao est celui qui est le plus souvent conféré sous la dynastie régnante.

V.

Combat dans les Ts'onḡ linḡ, entre les Chinois et les Kokandiens. — Projets de Tchanḡ linḡ et de Vou linḡ a pour la pacification du Turkestan. — Na yenn tch'enḡ chargé de pacifier le pays — embuscade tendue par Tchanḡ linḡ à Djihanguir; celui-ci franchit de nouveau la frontière; livre et perd la bataille de K'artiékaï; est fait prisonnier (1828). — Récompenses accordées aux officiers chinois; érection de colonnes commémoratives; réception triomphale des troupes par l'empereur. — Règlement de Na yenn tch'enḡ, nouvelle attaque des Kokandiens (1829); la paix est de nouveau rétablie par Tchanḡ linḡ.

Durant le sixième mois (juillet), Tchanḡ linḡ ordonna à Yanḡ Yu tch'ounn et à Yanḡ fanḡ de franchir la frontière avec huit mille hommes afin de poursuivre Djihanguir, l'empêcher de réunir des forces de nouveau, et tâcher à s'en emparer; en même temps il enjoignit aux tribus nomades des Bouroutes de le faire prisonnier si elles le rencontraient et de le livrer au gouvernement chinois. Yanḡ fanḡ s'établit à 阿賴 Alaï, dans les Ts'onḡ linḡ[1], endroit par où passe la route qui va de Kachgar à Kokand; et Yanḡ Yu-tch'ounn prit position à 色勒庫 Cho lo k'ou, séparé ainsi de son collègue d'une dizaine de jours de marche environ. La position de ces deux corps d'observation devint bientôt critique : séparés des troupes laissées à Kachgar, ne recevant de nouvelles ni d'elles ni de Djihanguir, ils voyaient leurs vivres s'épuiser

[1] Les Chinois désignent sous le nom de 葱嶺 Ts'onḡ linḡ, montagnes des oignons (ainsi appelées, lisons-nous dans une note du *Ts'ienn 'hann chou* ou Annales des 'Hann antérieurs, à cause que cette plante y croît en abondance à leur sommet) tout ensemble et les Monts Bolor et la chaîne du Karakoroum. Il s'agit ici des Bolor.

sans pouvoir être ravitaillé; joint que la route de Kachgar, s'ils se décidaient à battre en retraite sur cette ville, était longue et difficile. Le K'an de Kokand, averti par ses espions de la position périlleuse des deux généraux chinois, résolut de profiter de la conjoncture pour les attaquer; à la tête de deux mille hommes il vint tendre une embuscade aux troupes chinoises : celles-ci y tombèrent, mais résistèrent avec une vigueur désespérée et livrèrent un combat qui dura un jour et une nuit. Les généraux chinois parvinrent à tirer leurs troupes de ce mauvais pas, et, établissant des camps à chaque instant, purent effectuer leur retraite en bon ordre et sortir sains et saufs de ces périls.

L'empereur blâma les deux généraux d'avoir pénétré avec une aussi petite armée au cœur d'un pays ennemi, d'être resté si longtemps dans l'inaction et d'avoir ainsi dépensé inutilement leurs subsistances. Il leur enjoignit de revenir en deçà des frontières et ordonna de laisser à Kachgar un corps de huit mille hommes. Sur ces entrefaites Tchang ling adressa à l'empereur un mémoire dont voici des extraits : «Les Mahométans vénèrent les K'odjas, de même que les Tibétains vénèrent le Dalaï-lama[1] : c'est là une chose immuable. — J'ai envoyé des émissaires à la poursuite de Djihanguir dont les deux frères, établis à Kokand, pourront être encore longtemps

[1] Le 達賴剌麻 Ta laï la ma est l'un des deux grands pontifes placés à la tête de la hiérarchie lamaïque; il est considéré comme une incarnation de Dhyani Bodhisatva Tchenresi et réside au monastère de Po ta la, près de Lhassa. Il est appelé en tibétain rGyelva Rin po tch'é; Ta laï la ma est la transcription du tibétain *Lama*, savant, et du mongol *Dalaï*, mer, océan, signifiant que la sagesse de ce pontife est aussi vaste que l'océan.

pour nous une menace. Les huit mille hommes laissés à Kachgar ne sont pas suffisants pour tenir en bride toute la contrée, et empêcher toute insurrection future : à mon avis il serait plus convenable de partager le pays en diverses principautés et placer ces dernières sous l'autorité des begs ou chefs indigènes qui sont dévoués à notre cause, tels que I sa k'o (Isaak) et autres, lesquels veilleraient eux-mêmes à leur propre sûreté. En outre on peut donner le commandement des quatre villes de l'ouest à 阿布都里 A pou tou li, fils de Boronitou, qui, après avoir reçu son pardon, est resté à la capitale comme ôtage. C'est là le seul bon moyen pour soumettre les Mahométans de l'intérieur et tenir en respect ceux de l'extérieur. »

Un autre plan de pacification fut présenté par Vou ling̃ a ; il était ainsi conçu : « Si on laisse peu de troupes dans les pays reconquis il sera impossible tout ensemble et de combattre les ennemis du dehors et de veiller à la soumission de la contrée. Si au contraire on en y laisse beaucoup, il sera difficile de les y entretenir. Il faut remarquer en outre que le territoire des quatre villes de l'ouest, entouré de toutes parts de Mahométans, peut être très aisément attaqué : par suite la contrée ne peut être bien gardée, ni la soumission des populations définitive. Jetons les yeux au contraire sur les quatre villes de l'est[1] : ces villes forment une ligne de défense pro-

[1] Les 東四城 Toug̃ sseu tch'eng̃ ou quatre villes de l'est, par opposition aux quatre villes de l'ouest, sont Pidchan, Koutché, Aksou, Ouché. Pidchan, en chinois 闢展 Pi tchann, est l'ancien royaume de 狐胡 'Hou 'hou dont font mention les Annales des 'Hann; depuis la dynastie des 'Hann elle fut successivement connue des Chinois comme faisant partie

tégeant la route de l'Asie centrale et constituent des points stratégiques qu'il faut conserver à tout prix; les garnisons qui y sont nécessaires n'emploient que la moitié des troupes réclamées pour la défense des quatre villes de l'ouest. Il vaut donc mieux se retirer dans les quatre villes de l'est que de dépenser des subsistances utiles à l'armée dans des contrées inutiles. Nous occuperions ainsi une position solide que rien ne serait capable d'ébranler. »

Ni l'un ni l'autre de ces avis ne plurent à l'empereur: Tao kouang̃ blâma ses deux généraux de vouloir ramener les descendants des anciens rebelles dans leur pays, et

du pays de 高昌 Kao tch'ang̃ (Ouigours), du district de 柳中 Léou tchong̃, et enfin, sous la dynastie des Yuann ou Mongols, du pays de 魯克察克 Lou k'o tch'a k'o (Loukchak). La garnison se compose de 300 soldats chinois et mandchoux sous les ordres d'un Tou sseu (major). Pidchan est à 106 lieues à l'est de K'arachar. A 80 lieues de cette dernière ville est située 庫車 K'ou tch'o (Koutché); c'est le 龜兹國 Koueï tseu kouo des 'Hann. La ville renferme 4660 habitants; sa garnison est de 200 hommes sous un Tou sseu. La troisième des quatre villes de l'est, que nous trouvons ensuite, 阿克蘇 A k'o sou (Aksou), le 温宿國 Oueun sou kouo des 'Hann, renferme 24,607 habitants; cent soldats en composent la garnison. La quatrième ville de l'est, 烏什 Ou ché, à 20 lieues à l'ouest d'Aksou, est le 尉頭國 Oueï t'éou kouo des 'Hann. La population s'élève à 3258 âmes. La garnison se compose de 200 Mandchoux sous un commandant (ling̃ toueï ta tch'eun) et 750 Chinois. De plus il faut y joindre deux cent cinquante soldats employés spécialement à extraire le cuivre des montagnes; quatre cents y sont établis comme colons. Les productions de ce territoire des quatre villes de l'est sont : pêches, prunes, jujubes, courges, raisin, riz, millet, sorgho; soufre, que l'on trouve dans les flancs des Monts Célestes, cuivre rouge, plomb, salpêtre; il y existe nombre de troupeaux de bœufs, moutons et chevaux; les habitants offrent en tribut des peaux de loutres (水獺 choueï t'a); ces animaux sont pris dans la mer de 莆昌 Pou tch'ang̃, ou lac Lob. *(Ta ts'ing̃ y t'ong̃ tché; Si yu t'ou tché.)*

il les dégrada tout en les laissant en charge[1]. Le vice-roi de la province du Tché li 那彥成 Na yenn tch'eng̃[2], eut l'ordre d'aller dans le Turkestan avec le titre et l'autorité de commissaire impérial, et de remplacer Tchang̃ ling̃ dans l'œuvre de la pacification.

Pendant ce temps, Djihanguir, réduit à mendier sa nourriture, errant de tribu en tribu, voyait sa position devenir de jour en jour plus critique; nul refuge, nul asile ne lui pouvait plus offrir de sécurité : les autorités chinoises avaient en effet promis à celui qui s'en emparerait et le livrerait entre leurs mains, le titre nobiliaire de «prince de second rang»[3] et une récompense de cent mille taëls. A chaque pas Djihanguir craignait de rencontrer un traître. Tchang̃ ling̃, qui voulait racheter par quelque exploit la faute dont il s'était rendu coupable aux yeux de l'empereur, imagina de s'emparer

[1] 革職留任. C'est-à-dire leur ôta le 職 *tché* ou titre de fonctionnaire, à titre de punition, mais leur laissa le 任 *jenn*, le poste ou la charge elle-même, pour qu'ils pussent racheter leurs fautes par leur bonne conduite ou leur bonne administration.

[2] Ce Tartare mandchou, dont la fortune fut des plus diverses, était parent du célèbre général Akoueï qui se couvrit de gloire dans la guerre des Miao tseu sous Tç'ienn long̃. Il n'était pas sans talent, mais avait le défaut d'agir toujours à sa guise, sans prendre conseil de qui que ce fût; banni une première fois il avait été gracié à cause qu'il était parent d'Akoueï (*Gazette de Péking*, 20 juillet 1800); revenu en faveur il fut gouverneur du Kouang̃ tong̃, de nouveau disgracié, puis successivement gouverneur du Tché li, du Chănn si, du Kann sou : nommé gouverneur de Kachgar en 1827, il fut accusé par Tchang̃ ling̃, peu après la fin de l'insurrection, d'avoir suscité une révolte par son incapacité; il fut dégradé de tous ses honneurs et charges et mourut au commencement de 1831. (*Canton Register*, 15 juillet 1833.)

[3] 郡王.

par ruse du descendant des K'odjas : sur son ordre des Mahométans à turbans noirs, gagnés à la cause de la Chine, et ennemis mortels de Djihanguir et de ses partisans, Mahométans à turbans blancs, franchirent la frontière, se dispersèrent dans les contrées voisines, et répandirent le bruit que les troupes chinoises avaient battu en retraite, que Kachgar n'avait plus de garnison et que tous les chefs mahométans attendaient avec impatience le retour de Djihanguir pour reprendre de nouveau les armes. En même temps le général chinois défendit de maltraiter les familles et de violer les demeures des Mahométans à turbans blancs, sans doute dans le dessein de les ramener à la cause de la Chine et de semer la division entre les anciens partisans de Djihanguir. Ces ruses eurent un résultat inespéré : Djihanguir crut qu'il avait conservé un grand nombre de partisans secrets qui n'attendaient que son retour pour se déclarer; il voulut profiter de ce que les troupes chinoises, dans les derniers jours de l'année, n'étaient sans doute pas sur leurs gardes, pour franchir la frontière, à la tête d'un petit corps de cinq cents cavaliers, et exciter les Mahométans à se rallier à sa cause et à marcher sur Kachgar. Le 27 du dernier mois (janvier), il prit avec sa petite troupe l'ancienne route qui passe par la montagne 開 齊 K'aï tsi (K'aidji) et arriva secrètement jusqu'aux portes de la ville mahométane de 阿 木 古 A mou kou (Amouk); à son approche, les Mahométans à turbans blancs prirent la fuite pour n'être pas obligés de lui résister, tandis qu'au contraire les Mahométans à turbans noirs se préparèrent à une vigoureuse défense. Djihanguir ne s'attendait pas à trouver de la résistance : n'ayant pas assez de forces pour en triompher, il se retira par la même route et repassa la frontière.

Yang̃ fang̃, dont les six mille hommes s'étaient réunis en grande hâte, le poursuivit jour et nuit jusqu'à la montagne 喀爾鐵蓋 K'a eul t'ié·kaï (K'artiékaï) où il l'atteignit. Djihanguir ne put éviter le combat : battu, il chercha son salut dans la fuite, accompagné d'une trentaine seulement des siens. Poursuivi de près, il sauta à bas de son cheval pour gravir plus facilement les hauteurs, mais fut pris par le colonel 胡超 'Hou tchao et le major 段永福 Touann Yong̃-fou[1]. Par la prise de son chef l'insurrection du Turkestan était définitivement vaincue (1828).

La nouvelle de la victoire parvint à la cour de Péking dans le courant du premier mois de la huitième année (1828) : Tao Kouang̃ rendit aussitôt un décret par lequel il donna à Tchang̃ ling̃ le titre de «duc de second rang»[2] avec le surnom honorifique de «Bravoure majes-

[1] Djihanguir, sur le point d'être pris, tenta de se couper la gorge, mais n'eut pas le temps d'accomplir son dessein. Il fut envoyé sous bonne escorte à Péking; il y fut jugé par l'empereur en personne, condamné et mis à mort.

[2] Il y a en Chine neuf titres nobiliaires qui ne sont conférés qu'en récompense d'exploits militaires; en voici la liste : 公 kong̃, 侯 'héou, 伯 po, 子 tseu, 男 nann, que l'on peut parfaitement bien traduire par duc, marquis, comte, vicomte, baron, 輕車都尉 Tç'ing̃ tch'o tou yu, 騎都尉 Tç'i tou yu, 雲騎尉 Yunn tç'i yu, 恩騎尉 Enn tç'i yu, qui peuvent être rendus par chevaliers. Chacun des cinq premiers titres comprend trois 等 teng̃ ou classes, que l'on est obligé de parcourir avant d'obtenir un titre supérieur à celui que l'on a, à moins que l'empereur, par une faveur spéciale, n'en décide autrement, ainsi un 一等侯

tueuse», à Yang̃ fang̃, le titre de «marquis du troisième rang» avec le surnom de «Bravoure qui a produit de grands résultats», et à tous deux il octroya le droit de porter la plume de paon à deux yeux[1]. Le beg d'Aksou, Isaak, qui durant cette longue guerre avait servi avec dévouement la cause des Chinois, reçut le titre de «prince du second rang». 'Hou Tchao et les autres officiers qui s'étaient distingués furent récompensés selon leurs mérites.

Durant le même mois Yang̃ Yu-tch'ounn arriva à la capitale : il reçut la charge de vice-roi du Chănn kann et en même temps, par un surcroît de bienfaits, celle de gouverneur des quatre villes de l'est. Des indemnités furent payés aux familles des habitants des quatre villes de l'ouest qui avaient péri dans les rangs des Chinois; un étendard destiné à rappeler cette guerre et la victoire qui l'avait couronnée, fut offert à l'impératrice. En outre une colonne commémorative fut élevé dans le collège impérial[2] et une autre au sommet de la montagne

y teng̃ 'héou, marquis de première classe passera 三等公 sann teng̃ kong̃, duc de troisième classe. Aux trois premiers titres on ajoute des 嘉名 tçia ming̃ ou épithètes élogieuses, rappelant les circonstances qui les ont fait valoir à leurs possesseurs, ou les exploits que ceux-ci ont accomplis. Tous ces titres, à l'exception du neuvième, sont héréditaires.

[1] La principale des récompenses conférés par la dynastie actuelle est le droit de porter une 孔雀翎 k'ong tsio ling̃, plume de paon. Il y a trois sortes de ces plumes et par suite trois degrés : 三眼花翎 sann yenn 'houa ling̃, la plume de paon à trois yeux; 雙眼花翎 chouang̃ yenn 'houa ling̃, la plume de paon à deux yeux; et enfin 花翎 'houa ling̃ la plume de paon ordinaire.

[2] Le 太學 T'aï chio ou 國子監 kouo tseu tçienn, collège impérial, dont la fondation est due à l'empereur 武 Vou des 晉 Tsinn, est situé à l'angle nord-est de Péking̃, près de 安定門 Ann ting̃ meunn,

K'artiekaï. Lorsque les troupes victorieuses revinrent à Péking, Tao kouang̃, à l'imitation de Tç'ienn long̃ qui avait été hors de murs de la capitale recevoir les troupes revenant de la conquête de la Dzoungarie et du Turkestan, alla à leur rencontre et reçut en grande pompe le butin et les prisonniers que l'on avait faits. On dérogea ainsi à la coutume immémoriale suivant laquelle on n'offrait pas à l'empereur les dépouilles d'insurgés soumis, mais seulement celles des étrangers vaincus.

Cette guerre coûta au trésor dix millions de taëls, encore que le nombre des troupes employées n'ait pas été considérable; en effet trente-six mille hommes environ entrèrent en campagne, mais il n'y en eut pas même vingt mille qui allèrent jusqu'à Kachgar. Les généraux chinois avaient été obligés de laisser dans

la Porte d'Ann ting̃. Au centre de l'édifice, qui est quadrangulaire, se trouve un petit pavillon bâti sur une plate-forme de marbre blanc entourée d'un fossé circulaire assez large et à laquelle on a accès par quatre ponts également en marbre, placés aux quatre points cardinaux. C'est l'image du 辟雍 Pi yong̃ ou collège impérial de l'antiquité où chaque souverain est tenu, une fois en son règne, de venir présider une réunion solennelle de tous les lettrés de la Capitale. Le nom de Pi yong̃ est donné souvent dans le style élevé au collège impérial même, mais quelquefois il est écrit avec des caractères différents : 辟廱. 辟 est pour 璧 (tous deux se prononçant de même) qui signifie un ornement de jade rond percé d'un trou au centre que les dignitaires portaient autrefois à la main quand ils allaient à la cour. 廱 a le sens de 澤 marais : l'expression signifie un marais (ou fossé) circulaire au centre duquel se trouve le collège. On donne encore au Kouo tseu tçienn les noms (que nous ne voyons relevés nulle part) de 北雍 peï yong̃, 虎闈 'hou oueï et 成均 tch'eng̃ tçiunn: ce dernier nom lui fut donné par 武后 Vou 'héou, l'impératrice Vou de la dynastie des T'ang̃, et signifie un collège où l'on perfectionne les lettrés (成其行之虧) et où on les rend équitables (均其習之偏).

les villes dont ils s'étaient emparées des garnisons assez considérables de crainte d'un retour offensif des insurgés. On n'eut même pas besoin des troupes des provinces du Sseu tch'ouann et du Chănn si qui, arrivées à mi-chemin lors de la fin de la guerre, n'eurent plus qu'à retourner dans leurs cantonnements.

Après la prise de Djihanguir, Tchang ling avait envoyé une dépêche au K'an de Kokand et à celui de Bok'ara, leur enjoignant de s'emparer de ses descendants et partisans qui avaient trouvé un asile auprès d'eux et de les lui livrer : le K'an de Kokand envoya un ambassadeur au général chinois pour le féliciter de sa victoire et lui annoncer en même temps que l'on pourrait remettre entre ses mains les partisans de Djihanguir dont on s'emparerait, mais que, quant à livrer les fils ou les petits fils d'un K'odja, cela n'était pas permis par les lois mahométanes. Avec cet ambassadeur était venu un officier chinois nommé 譚祿 T'ann lou qui s'était rendu un des premiers à Djihanguir lorsque celui-ci avait attaqué Kachgar, puis s'était soumis au K'an de Kokand et avait été durant la guerre son espion et son guide; reconnu par les Chinois il fut saisi et mis sur le champ à mort comme traître à son pays.

Comme les enfants de Djihanguir n'étaient pas à craindre et qu'en somme ils n'avaient été mêlés en aucune façon à l'insurrection, l'Empereur ordonna de ne plus s'en occuper, de se contenter de faire bonne garde sur la frontière, d'empêcher toute relation commerciale avec le K'anat de Kokand et d'attendre que le K'an livrât de lui-même ceux qu'on lui avait réclamés et redemandât la reprise du commerce. Malgré cela Na yenn tch'eng̃ envoya des émissaires pour tenter de s'emparer du fils de Djihanguir, 布素普 Pou sou p'ou (Bourzouk)[1], alors âgé de six ans, et de plusieurs begs qui, comme lui, avaient trouvé aide auprès du K'an de Kokand. Il chercha en même temps à semer la discorde entre les pays de Bok'ara, de Badak'chan et de Kokand dans le dessein de se mêler dans leurs divisions et d'en tirer profit. Tao kouang̃, averti de ce qui se passait, lui défendit de susciter de nouvelles querelles, et peu après lui enjoignit de revenir à Péking̃ (sixième mois de la neuvième année, juillet 1829).

Quelque temps après l'empereur acquiesça aux règlements rédigés et à lui successivement adressés par Na yenn tcheng̃. En voici la teneur :

« 1° Afin de mettre fin aux abus de toutes sortes qui ont pris naissance dans les villes du Turkestan, la conduite des gouverneurs sera examinée, à la fin de chaque année, par le général commandant à Ouroumtsi et le vice-gouverneur du Turkestan résidant à Kachgar. Tous ces fonctionnaires seront sous la haute surveillance du maréchal commandant à Ili.

[1] Plus d'un demi-siècle plus tard, lorsque les Tounganes tentèrent à nouveau de secouer le joug chinois (1862), ils appellèrent ce dernier représentant de la famille des K'odjas et l'invitèrent à venir se mettre à leur tête. On sait que parmi les chefs k'okandiens qui suivirent Bourzouk fut Mohammed Yakoub, cet aventurier de talent qui devait prendre le commandement de l'insurrection et fonder le royaume indépendant de Kachgarie, État destiné, malheureusement peut-être, à ne pas survivre à son fondateur.

« 2° Les appointements de tous les fonctionnaires seront augmentés.

« 3° Il sera permis à tous les fonctionnaires d'emmener avec eux leurs familles dans les postes auxquels ils seront nommés.

« 4° Le nombre des agents ou employés subalternes devra être fixe.

« 5° Les Tchang̃ tçing̃[1] ou secrétaires employés dans les bureaux devront être choisis parmi le personnel des ministères à Péking̃; on n'emploiera plus les officiers des garnisons pour ces offices.

« 6° Les Mahométans ne pourront plus se faire nommer begs à prix d'argent : on les nommera d'après leur rang d'ancienneté ou au choix; dans ce dernier cas il faudra agir avec beaucoup de soins et de discernement. L'on fera de même attention aux empêchements dirimants[2] qui pourraient exister.

« 7° Les terres appartenant aux habitants qui ont pris parti pour les rebelles seront confisquées et affermées pour le compte du gouvernement chinois au prix annuel de 56,000 tann environ[3] : 38,000 tann seront employées à subvenir aux dépenses et à l'entretien des garnisons; les 18,000 restants, sans compter les produits des terres

[1] *Tchang̃ tçing̃* 章京 est la corruption du mot mandchou *tchanyng*, secrétaire, greffier.

[2] Ces empêchements, nommés 廻避 'houeï pi, consistent en ce qu'une personne, pour éviter qu'elle n'acquière une trop grande influence, ne peut exercer une magistrature dans la contrée qui lui a donné le jour, ou dans laquelle résident ses parents.

[3] Un 石 tann *(ché,* pierre, lu en ce sens *tann)* est une mesure contenant 10 boisseaux 斗 ou cent 升 (environ 103 litres).

de 大河沿 Ta'ho yenn et de 亮噶爾 Léang ko eul, dépendant, les premières de Kachgar, les secondes de Yarkand, seront employés à augmenter les appointements des fonctionnaires. Le surplus sera transporté à Aksou et déposé dans les greniers d'abondance.

« 8° On reconstruira les murailles des villes, on augmentera les postes-frontières; on exercera les troupes en garnison et l'on fera revenir peu à peu les troupes envoyées de Chine. Tels sont les meilleurs moyens pour rétablir l'ordre à l'intérieur.

« 9° Quant aux pays étrangers, il n'en est pas qui soit un plus grand repaire de nos déserteurs et du rebut de nos populations que le K'anat de Kokand. Huit villes sont sous la juridiction du K'an : Andidchan est l'une des principales. Elle est située à trente-huit lieues à l'est de Kokand, à cinquante de Kachgar. Ses habitants ont retenu dans leurs murs le fils de Djihanguir, uniquement dans le dessein de s'en faire un ôtage, garant de la soumission des tribus Bourouts dont ils craignent les incursions. Depuis que nous avons cessé toute relation commerciale avec eux, leurs finances se sont épuisées; pour achever de les ruiner il nous suffira d'empêcher les ballots de thé et de rhubarbe, objets de notre commerce avec eux, de franchir les frontières.

« 10° En outre il faudra chasser de Chine tous leurs concitoyens qui s'y trouvent, afin qu'ils ne leurs servent pas d'espions, et soumettre les Bourouts qui pourraient leur servir d'appui. Cela une fois fait, on attendra qu'ils viennent d'eux-mêmes faire leur soumission et offrir tribut. Tel est le meilleur moyen pour établir l'ordre au dehors. »

Durant l'automne de la neuvième année (1829) les habitants d'Andidchan, de colère d'avoir été chassés de Chine, se réunirent au nombre de dix mille environ, franchirent la frontière et vinrent assiéger Kachgar et Yarkand. Ils brûlèrent et saccagèrent le pays tout à l'entour. Le fils de Na yenn tch'eng, 容安 Yong̃ ann, qui, sur l'ordre du gouverneur de l'Ili, marchait au secours des assiégés, fut effrayé par le nombre des ennemis à peine arrivé à Aksou, n'osa pas s'avancer et se dirigea sur Ouché. De la sorte, les ennemis, gorgés de butin, purent sortir des frontières sans être inquiétés. Yong̃ ann fut arrêté et mis en jugement[1]; son père fut dégradé. Tchang̃ ling̃, nommé commissaire impérial, se rendit à l'armée, pacifia le pays et somma le K'an de Kokand de promettre de nouveau d'offrir tribut; puis il transporta le siège du vice-gouverneur du Turkestan de Kachgar à Yarkand.

[1] Yong̃ ann était le fils de Na yenn tch'eng̃ (vide supra page 44). A la suite de cette invasion il fut mis en jugement et condamné à la peine capitale. Prenant en considération les services rendus par sa famille, l'empereur Tao kouang̃ le bannit pour la vie à Girin; il en revint cependant à la mort de son père, mais disparut de la scène politique (*Canton Register*, 15 juillet 1833).

APPENDICE PREMIER

Décret impérial au sujet de la pacification du Turkestan en 1878.

Le treize du deuxième mois de la quatrième année 光 緒 kouang̃ siu (mars 1878), il a été promûlgé un décret conçu en ces termes :

Aujourd'hui a été reçu un rapport de 左 宗 棠 Tso Tsong̃ t'ang̃, de 金 順 Tçinn Chouenn et de 劉 典 Léou Tienn, apporté par un exprès, annonçant la reprise des quatre villes de l'ouest[1] et la pacification complète du Turkestan.

L'année passée, lorsque les troupes chinoises eurent repris les quatre villes de l'est, 劉 錦 棠 Léou Tçinn t'ang̃, fonctionnaire assistant du troisième rang, présenta un plan de campagne pour reprendre les quatre villes de l'ouest. En conséquence on envoya d'abord le général 余 虎 恩 Yu 'Hou-enn qui, passant par Aksou, prit la route de Bartchouk et de Manarbach et forma le corps d'armée principal; puis 黃 萬 鵬 'Houang̃ Ouann-'hong̃,

[1] Kachgar, Yenghi-Hissar, Yarkand et K'oten. Voyez page 19.

qui, prenant par Ouché, forma un corps d'éclaireurs. On décida que l'on commencerait par s'emparer de Kachgar et que Léou Tçinn t'ang̃ résiderait à Bartchouk et à Manarbach pour occuper solidement la route du centre.

Incontinent après, le 15 du onzième mois (décembre 1877) les troupes marchèrent rapidement en avant; le 17 elles s'emparèrent de Yarkand, puis doublant leur marche, arrivèrent le 20 à Yenghi Hissar, recouvrant ainsi le territoire des Mahométans porteurs de turbans[1]. Se portant de nouveau en avant, elles arrivèrent le 22 à Kachgar, sous les murs de laquelle Yu ʽHou-enn était déjà parvenu le 23. Les généraux attaquèrent la ville, et dès l'abord ils massacrèrent jusqu'au dernier le corps de rebelles commandé par le général rebelle 王元林 Ouang̃ yuann linn; puis, comme une troupe de trois à quatre mille insurgés s'avançait pour secourir la ville, Yu ʽHou-enn l'attaqua avec vigueur : les assiégés ouvrirent les portes de la ville et s'enfuirent.

Tso Tsong̃-tʽang̃ et ʽHouang̃ Ouann-ʽhong̃, divisant leurs troupes, se lancèrent à leur poursuite, puis, prenant des chemins de traverse, les défirent complètement, s'emparèrent du chef rebelle 于小虎 Yu siao ʽhou, et firent décapiter l'insurgé 藍得金 Lann to tçinn : les bandes insurgées furent totalement détruites. D'autre part le général 蕭元亨 Sou yuann ʽheng̃, ayant réuni son infanterie aux troupes de ʽHouang̃ Ouann-ʽhong̃, livra

[1] Il y a dans le texte 纏回 tchʽann ʽhoueï : c'est pour 纏頭回 Tchʽann tʽéou ʽhoueï, Mahométans porteurs de turbans. On appelle ainsi les Mahométans qui ne sont issus ni de Chinois ni de Mongols.

bataille à un autre corps de rebelles, s'empara vivant du général en chef 馬元 Ma yuann, et massacra son lieutenant 白彥龍 Po eyenn long̃ : cette bande fut donc aussi détruite.

Léou Tçinn T'ang̃ ordonna de décapiter les rebelles 金相印 Tçinn siang̃ ynn, père et fils, Yu siao 'hou et Ma yuann, et d'exposer leurs têtes pour servir d'exemple. Outre que onze cents insurgés, faisant partie des troupes de Kachgar, furent condamnés à la peine capitale. Les autres, terrifiés par l'exemple, restèrent tranquilles.

Le général 董福祥 Tong̃ Fou-siang̃ marcha rapidement sur K'oten à la tête de ses troupes; du 29 du onzième mois (décembre) au 2 du douzième (janvier 1878), il put tout ensemble et détruire les insurgés et pacifier la contrée : la tranquillité régna alors à K'oten.

En reportant les yeux sur le passé nous voyons que plus de dix années se sont écoulées depuis la troisième année 同治 T'ong̃ tché (1862), époque à laquelle les chefs révoltés des tribus Bourouts[1] excitèrent des troubles, le Mahométan Tçinn siang̃ ynn attaqua Kachgar et s'en empara, occupa peu à peu le territoire des huit villes du T'ienn chann nann lou[2] et vit tomber successivement entre ses mains Tourfan et Ouroumtsi. L'empereur, voulant recouvrer cette partie de ses États, ordonna à Tso Tsong̃-t'ang̃ de prendre en main les affaires militaires des Nouvelles frontières, en qualité de commissaire im-

[1] Sur les Bourouts voyez page 11.

[2] Ce sont les quatre villes de l'est : Pidchan, Kou tché, Aksou, Ouché, et les quatre villes de l'ouest : Kachgar, Yenghi-Hissar, Yarkand et K'oten.

périal. Le dit commissaire impérial s'occupa tout ensemble et de châtier et d'apaiser les populations; dans le T'ienn chann peï lou il reprit d'abord Ouroumtsi, puis s'empara de Manas, s'avança par plusieurs routes et reprit Tourfan; il disputa avec vigueur les défilés importants qui conduisent dans le T'ienn chann nann lou; se dirigeant ensuite vers l'ouest il trouva la tâche tout aussi aisée, et maintenant voilà que les huit villes reconnaissent de nouveau nos lois.

C'est évidemment là un bienfait du Ciel auguste que grâce à la faveur qu'ont auprès de lui les anciens souverains nous avons obtenu. Les deux impératrices[1] qui, durant des nuits entières, ont souffert au delà de toute expression, ont su ce que valait Tso Tsong-t'ang et su l'employer avec succès : à la cour comme à l'armée il n'y eut qu'une seule pensée, et les officiers, se conformant aux ordres de leurs chefs, ont partout accompli de grands exploits. En haut, ce succès a suffi pour consoler l'âme de l'empereur 穆宗毅 Mou tsong y[2] qui réside à présent au ciel; en bas, il a suffi pour donner corps aux espérances du peuple tout entier. C'est là en vérité un évènement heureux et fortuné!

Comme ceux qui étaient à la tête des troupes se sont donnés corps et âme au service de l'État[3] et ont souffert

[1] Veuves de l'empereur T'ong tché.

[2] 穆宗毅皇帝 Mou tsong y 'houang ti, l'empereur brave qui vénère ses ancêtres, est le 廟號 Miao 'hao ou nom de temple, titre honorifique qui a été décerné à l'empereur T'ong tché après sa mort.

[3] On nous permettra de relever et d'expliquer ici l'élégante expression dont nous ne donnons que le sens. On lit dans le texte 櫛風沐雨

toutes sortes de fatigues, il convient de les récompenser de leurs bons et loyaux services par des grâces abondantes et toutes spéciales. En conséquence Tso Tsong̃ tʿang̃, commissaire impérial, ministre d'État, vice-roi du Chănn kann, qui a supporté des fatigues de toutes sortes, s'est distingué dans le soin qu'il a apporté aux subsistances de l'armée, et dont les plans ont eu un succès complet, passe, par une faveur spéciale, du rang de comte de première classe, au rang de marquis de seconde classe[1], etc. . . . . .

(Le reste du décret ne renferme que la liste des récompenses accordées aux officiers qui se sont distingués durant la guerre.)

dont le mot à mot est *peigner — vent — laver — pluie* : il faut traduire ici, contrairement à la règle posée par les sinologues suivant laquelle les mots que l'on veut mettre au cas instrumental se placent avant le verbe, par *peigné par le vent, lavé par la pluie,* ce qui signifie que celui qui voyage au loin n'a pas le temps de se débarbouiller ni de se peigner et laisse ce soin à la pluie et au vent. Le mot 沐 est expliqué en chinois par 洗頭 se débarbouiller, et 櫛 par 梳髮 se peigner. Cette expression est empruntée au 史記 *Ché tçi* ou Mémoires historiques du célèbre Sseu ma Tçʿienn, Histoire de la dynastie des 夏 Chia, voici le passage : 禹櫛風沐雨勞身焦思八年於外, l'empereur Yu fut peigné par le vent et lavé par la pluie (supporta toutes sortes de fatigue), fatigua sa personne et sécha sa pensée, pendant les huit années qu'il passa à l'étranger.

[1] Sur les titres nobiliaires voyez page 46.

APPENDICE II

NOTICE SUR LE SI YU T'OU TCHÉ OU DESCRIPTION DU SI YU ACCOMPAGNÉE DE CARTES [1].

Le titre complet de l'ouvrage est 欽定皇輿西域圖志 *Tç'inn tinḡ 'houanḡ yu Si yu t'ou tché,* description du Si yu avec cartes, composée et publiée sur ordre impérial. On trouve en tête une préface due au pinceau de l'empereur Tç'ienn lonḡ, et les décrets relatifs à la composition et à la révision de l'ouvrage; puis viennent le 凡例 plan de l'ouvrage et la liste des trente-six savants et lettrés qui ont coopéré à la rédaction : nous y voyons les ministres d'État 傳恒 Tou 'Henḡ, 阿桂 Akoueï, le héros de la guerre des Miao tseu, 兆惠 Tchao 'Houeï, à qui fut due la conquête du Turkestan en 1759, etc.

Le 卷首 livre formant introduction renferme les 天章 productions impériales, c'est-à-dire les pièces de vers ou

[1] La description de l'Asie centrale continue dans la seconde édition et les éditions subséquentes du *Ta ts'inḡ y t'onḡ tché* n'est qu'un résumé du *Si yu t'ou tché* : quelquefois, mais rarement, l'on y trouve des détails nouveaux.

de littérature relatives aux affaires de l'ouest composées par l'empereur; il est divisé en quatre sections. Voici le résumé des matières contenues dans les quarante-huit livres suivants :

Livre I. 圖考 *T'ou k'ao,* examen des cartes : Carte générale de l'empire chinois; carte générale du Si yu; cartes du An si nann lou, du An si peï lou, d'Ouroumtsi et ses environs, du T'ienn chann peï lou (trois cartes), du T'ienn chann nann lou (six cartes : Pidchan; K'arachar et Koutché; Saïrim et Aksou; Ouché et Kachgar; Yarkand; K'oten.

Livre II. Suite du *T'ou k'ao.* Cartes orographique et hydrographique du Si yu; cartes du pays des K'assaks, des Bourouts, du K'anat de Kokand, du Badak'chan et de l'Afghanistan.

Livre III. 歷代西域圖 *li taï Si yu t'ou,* atlas historique du Si yu : Cartes du Si yu sous les 'Hann antérieurs (206 av. J.-C. — 25 ap. J.-C.); sous les 'Hann postérieurs (25 ap. J.-C. — 220); sous les Sann kouo ou trois États (220 — 265); les Tsinn (265 — 419); les peï oueï ou Toba (386 — 535); les Tchéou (557 — 589); les Soueï (589 — 618); les T'anḡ (618 — 907); les cinq dynasties (907 — 960); les Sonḡ (960 — 1206); les Yuann (1206 — 1368); les Minḡ (1368 — 1628).

Livres IV, V. 列表 *lié piao,* tableaux historiques des dénominations données aux villes et pays du Si yu sous les différentes dynasties depuis celle des 'Hann jusqu'à celle des Minḡ inclusivement.

Livres VI, VII. 晷度 *Koueï tou,* des distances mesurées à l'aide du gnomon.

Livres VIII à XIX. 彊域 *Tçiang̃ yu,* description des frontières.

Livres XX à XXIII. 山 *Chann,* description des montagnes.

Livres XXIV à XXVIII. 水 *Choueï,* description des rivières et cours d'eau.

Livres XXIX et XXX. 官制 *Kouann tché,* administration civile et militaire.

Livre XXXI. 兵防 *ping̃ fang̃,* garnisons.

Livres XXXII et XXXIII. 屯政 *T'ounn tcheng̃,* colonies.

Livre XXXIV. 貢賦 *Kong fou,* tributs et impots.

Livre XXXIV. 錢法 *Ts'ienn fa,* fabrication des monnaies.

Livre XXXVI. 學校 *Chio tçiao,* établissements d'instruction publique.

Livres XXXVII et XXXVIII. 封爵 *feung̃ tsio,* titres nobiliaires.

Livre XXXIX. 風俗 *feung̃ sou,* mœurs et coutumes des Dzongars et des Mahométans.

Livre XL. 音樂 *Ynn yo,* musique, instruments de musique.

Livre XLI et XLII. 服物 *fou vou,* habillements.

Livre XLIII. 土産 *t'ou tch'ann,* productions du sol.

Livres XLIV à XLVI. 藩屬 *fann chou,* description des pays de l'Asie centrale : pays des K'assaks, des Bourouts; du K'anat de Kokand; du Badak'chan, de l'Afghanistan.

Livres XLVII et XLVIII. 雜 錄 *tsa lou,* Mélanges : Écriture, langue, histoire de la Dzongarie et du Turkestan; généalogie de leurs princes.

L'édition de 1872 que nous avons sous les yeux se compose de vingt-huit 本 *peunn,* ou volumes chinois grand in-octavo.

Le 四 庫 全 書 總 目 *Sseu k'ou tsiuann chou tsonḡ mou,* catalogue général des ouvrages renfermés dans les quatre magasins ou bibliothèque de Péking donne une notice du *Si yu t'ou tché* (voyez livre LXVIII, pages 47 à 49); il désigne l'ouvrage comme ayant cinquante-deux livres : c'est vraisemblablement parce qu'il compte comme livres les quatre sections de l'introduction.

APPENDICE III

I

LISTE DES MEMBRES DE LA FAMILLE DES K'ODJAS D'APRÈS LE CHENG̃ VOU TÇI.

瑪墨特 MA MO T'O (Mahmoud),
descendant du Prophète à la vingt-sixième génération.

阿布都實特 A POU TOU CHE T'O
(Abou Ched).

瑪罕木特 MA 'HANN MOU T'O
(Mohammed),
fils du précédent, eut deux fils.

博羅尼都
PO LO NI TOU (Boronidou),
eut deux fils.

霍集占
'HOUO TSI TCHANN (K'odzidchan).

阿布都里
A POU TOU LI
(Abdoul),
fils du précédent.

薩木克
SA MOU K'O
(Samouk'),
fils du précédent.

張格爾
TCHANG̃ KO EUL
(Djihanguir),
fils du précédent.

布素普
POU SOU P'OU
(Bourzouk),
fils du précédent.

II

Liste des descendants du Paigambar (prophète Mahomet) dont plusieurs régnèrent dans le Turkestan oriental, extraite du Si yu t'ong ouenn tché.

Cette liste est extraite du 西域同文志 *Si yu t'ong ouenn tché,* ou Dictionnaire géographique du Si yu en six sortes d'écritures (mandchou, chinois, mongol, tibétain, kalmouc, turc oriental), ouvrage assez rare que nous ne possédons malheureusement pas en France, mais dont un résumé rédigé en allemand par Klaproth se trouve à la bibliothèque nationale de Paris. Paigambar est transcrit en chinois par 別諳拔爾 *pié ann pa eul* 派噶木巴爾 *p'aï ko mou pa eul* et 派罕巴爾 *p'aï hann pa eul,* et expliqué par 天使 *t'ienn ché,* envoyé du ciel.

Paigambar, première génération,
eut quatre fils.

Aboul K'asem. — Ibrahim. — Taïb. — Taïr.
2e génération.

Ali, fils d'Aboutalab
qui eut le même aïeul que Paigambar, épousa la fille du prophète, et eut deux fils.

Imam Hassan. — Imam Osaïn.
3e génération. — eut pour fils

Ali Akber. — Ali Arghar. — Imam Asainoul Abidin.
4e génération.

Imam Mahmoud Taker.
5e génération.

Imam Djafar Sadik.
6e génération.

IMAM MOUSSEI KASSEM.
7ᵉ génération.

IMAM ALII MOUSIRIDJA.
8ᵉ génération.

SAIYET TALIB.
9ᵉ génération.

SAIYET ABDOULLA.
10ᵉ génération.

SAIYET ABDJAL.
11ᵉ génération.

ABDOULLA.
12ᵉ génération.

SAIYET AKMAT.
13ᵉ génération.

SAIYET MAHMOUD.
14ᵉ génération.

SAIYET. CHAKASAN.
15ᵉ génération.

CHA ESEYEN.
16ᵉ génération.

SAIYET DJALALIDIN.
17ᵉ génération.

ABDOULLA. SAIYET KEMALIDIN. MAHMOUD.
18ᵉ génération.

SAIYET BOURK'ANIDIN.
19ᵉ génération.

MIRDIGOUVVANA.
20ᵉ génération.

ABDJAL. SAIYET MAHMOUD.
21ᵉ génération.

SAIYET KEMAL. SAIYET BOURANIDIN. SAIYET AKMAT.
22ᵉ génération.

SAIYET DJALALIDIN.
23ᵉ génération.

MAK'ATOUM ADSAM. MALIK. MAHMOUD.
24ᵉ génération.

MAK'ATOUM ADSAM eut quatorze fils.

MAHMOUD EMIN. DOS K'ODJA. BAK'AGUDOUN. ABDOU K'ALIK.
25e génération.
MAHMOUD. IBRAHIM. ISAK. MAHMOUD ALI.
ALALYAN. MAHMOUD. SEDEK. HASSAN.
CHAÏKE K'ODJA. ABDOULLA.

Son fils aîné MAHMOUD EMIN eut pour fils

K'ASEM. MOUSA. MEMIN. MAHMOUD YOUSSOUB.
26e génération.

DOS K'ODJA, second fils de Mak'atoum Adsam, eut pour fils

MOUSTAPHA.

MAHMOUD YOUSSOUB, quatrième fils de Mahmoud Emin, eut pour fils

IDAYA TOULLA K'ODJA. KARAMAT K'ODJA. KAN K'ODJA.
27e génération.

MOUSTAPHA, fils de Dos K'odja, eut pour fils OUCHI K'ODJA.

IDAYA TOULLA K'ODJA, fils aîné de MAHMOUD YOUSSOUB, eut pour fils

YAYA K'ODJA. ABDOUSEMET. MAK'ADI. HASSAN. BOURONITOUN.
28e génération.

KARAMAT K'ODJA, deuxième fils de MAHMOUD YOUSSOUB, eut pour fils

ABDEL K'ALIK. MAMOUN. AISSAN.

OUCHI K'ODJA, fils de MOUSTAPHA, eut pour fils SOULAÏMAN.

YAYA K'ODJA, fils aîné d'IDAYA TOULLA K'ODJA, eut pour fils

K'ODJOUDCHAN (K'odzidchan). MAK'ANMOUT.
29e génération.

MAMOUN, deuxième fils de KARAMAT K'ODJA, eut pour fils

MOUSA. CHA K'ODJA. ALI K'ODJA. ABDOULLA.
ESEYEN K'OUSIN. PHASSA.

SOULAÏMAN, fils d'Ouchi K'odja, eut pour fils ABDERRAHMAN.

MAK'ANMOUT, deuxième fils de YAYA K'ODJA, eut pour fils

BORONIDOU. K'ODJOUDCHAN (K'odzidchan).
30e génération.

MOUSA, fils aîné de MAMOUN, eut pour fils

MAHMOUD. MAHMOUD EMIN. ARIB.

ALI K'ODJA, troisième fils de MAMOUN, eut pour fils TOURDOU.

ABDOULLA, quatrième fils de MAMOUN, eut pour fils AKBOTO.

ESEIYEN K'OUSIN, cinquième fils de MAMOUN, eut pour fils KESIN K'ODJA.

ABDERRAHMAN, fils de SOULAÏMAN, eut pour fils ABDANASSET.

MAHMOUD, fils aîné de MOUSA, eut pour fils BABA K'ODJA.

31e génération.

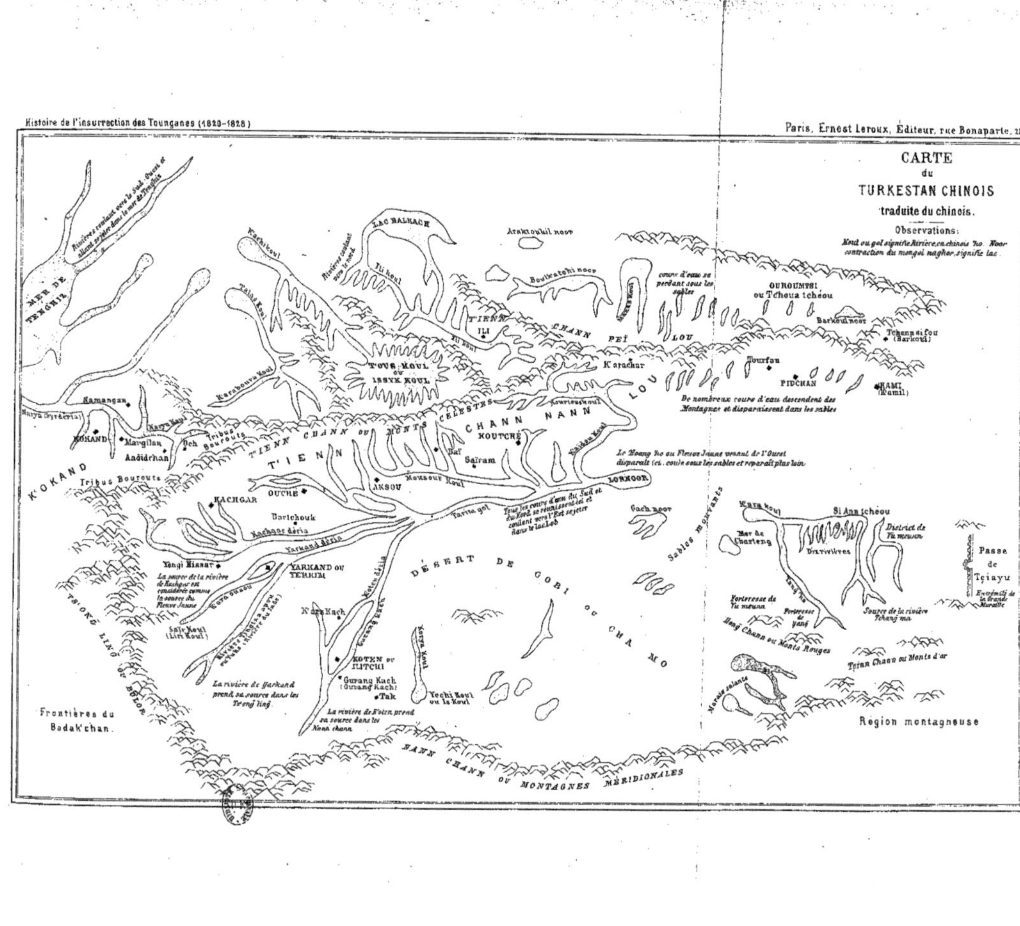
Histoire de l'insurrection des Tounganes (1820-1828)
Paris, Ernest Leroux, Éditeur, rue Bonaparte, 28
CARTE
du
TURKESTAN CHINOIS
traduite du chinois.
Observations:
Koul ou gol signifie Rivière, en chinois ho. Noor contraction du mongol naghor, signifie lac.
Rivières coulant vers le Sud-Ouest et allant se jeter dans le mer de Tenghis
MER DE TENGHIZ
LAC BALKACH
Rivières coulant vers le nord
Ili koul
Kachikoul
Talas Koul
Araktouhil noor
Boulkatchi noor
TOUS KOUL ou ISSYK KOUL
Karabouva Koul
TIENN
ILI
Ili koul
CHANN
PEÏ
LOU
cours d'eau se perdant sous les sables
OUROUMTSI
ou Tchoua tchéou
Barkoul noor
Tchenn si fou (Barkoul)
K'arachar
Tourfan
PIDCHAN
HAMI (Kamil)
LOU
De nombreux cours d'eau descendent des Montagnes et disparaissent dans les sables
Namangan
Naryn (Syrdéria)
KOKAND
Margilan
Andidchan
Och
Tribus Bourouts
TIENN CHANN OU MONTS CÉLESTES
CHANN NANN
KOUTCHÉ
Saïram
Kourlesskoul
T'IENN
K'OKAND
Tribus Bourouts
OUCHE
AKSOU
Mousour Koul
KACHGAR
Bartchouk
Kachgar déria
Yarkand déria
Tarim gol
Le Hoang ho ou Fleuve Jaune venant de l'Ouest disparaît ici, coule sous les sables et reparaît plus loin
LOBNOOR
Tous les cours d'eau du Sud et du Nord se réunissent ici et coulent vers l'Est se jeter dans le lac Lob
Gach noor
Sables mouvants
Yangi Hissar
La source de la rivière de Kachgar est considérée comme la source du Fleuve Jaune
YARKAND ou TERRIM
Kotan déria
DÉSERT DE GOBI OU CHA MO
K'ara Kach
Gurang Kach
KOTEN ou ILITCHI
Gurang Kach (Gurang Kach)
Tak
Korya Koul
Yechi Koul ou Is Koul
Saïr Koul (Liri Koul)
TS'ONG LING OU BOLOR
La rivière de Yarkand prend sa source dans les Ts'ong ling
La rivière de Koten prend sa source dans les Nann chann
Frontières du Badak'chan.
Kara koul
Si Ann tchéou
Mer de Charteng
District de Yu meunn
Passe de Tçiayu
Extrémité de la Grande Muraille
Forteresse de Yu meunn
Forteresse de Yang
Source de la rivière Tchang ma
Hong Chann ou Monts Rouges
Tçinn Chann ou Monts d'or
Marais salants
Région montagneuse
NANN CHANN OU MONTAGNES MÉRIDIONALES

天山南路回部所屬諸山

DESCRIPTION OROGRAPHIQUE

DU

TURKESTAN CHINOIS

TRADUITE DU SI YU T'OU TCHÉ

ACCOMPAGNÉE

D'UNE CARTE EXTRAITE ET TRADUITE DU MÊME OUVRAGE

天山南路回部所屬諸山

DESCRIPTION OROGRAPHIQUE

DU

TURKESTAN CHINOIS

TRADUITE DU SI YU T'OU TCHÉ.

La description suivante et la carte qui l'accompagne sont traduites du *Si yu t'ou tché* ou description des pays de l'Asie centrale, ouvrage sur lequel nous avons donné une notice détaillée dans l'appendice de l'*Histoire de l'insurrection des Toungances* qui précède. Les étymologies des noms étrangers que nous donnons en notes sont extraites du *Si yu t'ong̃ ouenn tché,* ou dictionnaires géographique et historique de l'Asie centrale en six sortes d'écritures (mandchou, chinois, mongol, tibétain, kalmouc, turc oriental). L'orthographe des noms propres est celle admise par ce même ouvrage.

金嶺 Tçinn Ling̃.

Les Tçinn ling̃ (Monts dorés) sont situés sur la frontière septentrionale de Pidchan. Cette chaîne est une ramification des Monts célestes : elle s'étend du Tokla ola[1], qui se trouve sur la frontière orientale de Ti 'houa tchéou (Ouroumtsi), dans la direction de l'est où elle sort sous le nom de Doulou daba[2], et passe au nord de la ville de Tourfan. Du côté de l'est, elle est à quatre cents li environ de Pidchan. Toutes les villes qui sont sous la juridiction de Pidchan considèrent cette chaîne comme leur rempart. Les habitants font couler les cours d'eau qui en descendent autour de leurs cités afin de pouvoir arroser les champs et les jardins.

Extrait des Annales des Soueï. Description du pays des Kao tch'ang (Ouïgours)[3] : « Au nord se trouve la montagne Tch'é ché (aux pierres rouges); à soixante-dix li au nord de cette montagne est le mont T'ann 'hann qui, même en été, est couvert de frimas. »

Extrait des Annales des T'anḡ[4], Section géographique : « Le gouvernement de Si tchéou tçiao 'ho fut appelé dé-

[1] Voici la liste des mots appartenant á une langue étrangère que l'on trouvera souvent à la fin des noms propres : *ola* ou *oola* et *daba* signifient montagne en mongol; *tak* ou *tag* a le même sens en *'houeï* ou turc oriental. *Koul* ou *gol* signifie rivière en mongol (*déria* en 'houeï).

[2] *Doulou*, mot 'houeï est traduit en chinois par 背後膀骨 omoplate.

[3] Le 隋書 *Soueï chou* ou Annales de la dynastie des Soueï qui régna sur la Chine de 581 à 618 de notre ère a été composé, sur l'ordre de l'empereur T'aï tsonḡ des T'anḡ, par une commission de lettrés et de savants sous la haute direction de 魏徵 Oueï Tch'enḡ, duc de 鄭 Tch'enḡ. L'ouvrage, en 85 livres, comprend trois parties : 帝紀 *Ti tçi* ou Chronique impériale; 志 *Tché* ou Mémoires sur la chronologie, l'astronomie, l'économie politique, la géographie; 列傳 *Lié tchouann* ou Recueil de vies d'hommes célèbres et de notices sur les pays étrangers.

[4] La célèbre dynastie des T'anḡ a régné de 618 à 907 de notre ère. Les Annales de ces dynasties ont été écrites par plusieurs auteurs, revues et corrigées plus tard; ce qui fait qu'il en existe trois éditions. La première,

partement du gouvernement de Tçinn chann durant les années K'aï yuann (713 à 742 de notre ère)».

EXTRAIT DES ANNALES DES SONG̃[1]. Description des pays étrangers : « De nombreux cours d'eau prennent leurs sources dans les Tçinn ling̃. Les habitants les dirigent avec art autour de leurs villes afin de pouvoir arroser leurs champs et leurs jardins ; ils élèvent sur leurs rives des moulins. »

EXTRAIT DE LA RELATION DE VOYAGE DE OUANG̃ YENN-TO DANS LE PAYS DES KAO TCH'ANG̃ (OUIGOURS)[2] : « En passant par Tçiao 'ho tchéou, on arrive au défilé des Tçinn ling̃ au bout de six jours. C'est par là que passent les marchandises précieuses. Après avoir encore voyagé deux jours on arrive à la Station des familles chinoises[3] ; à cinq jours de marche de cet endroit on gravit les Tçinn

qui porte le titre de 舊唐書 *Tçiéou Tang̃ chou,* originairement composée par 吳兢 Vou Tçing̃, fut publiée au dixième siècle ; la seconde, 新唐書 *Sinn T'ang̃ chou,* publiée au onzième siècle, forme le supplément de la précedente : 歐陽修 Ngéou-yang̃ Siéou et 宋祁 Song̃ Tç'i en furent les auteurs. Enfin la troisième et dernière édition qui porte le nom de *T'ang̃ ehou* est tout simplement la refonte et la combinaison des deux éditions précédentes. Voy. Wylie, *Notes en chinese literature,* p. 17.

[1] Le 宋史 *Song̃ ché* ou Annales de la dynastie des Song̃ (960 — 1279) est dû à 脫脫 T'o t'o, d'origine mongole, à qui on est également redevable des Annales des Tçinn et des Léao. Cet ouvrage, qui n'est pas beaucoup estimé, est divisé en quatre parties, formant 496 livres : 本紀 *Peunn tçi* ou Chronique ; 志 *Tché* ou Mémoires divers ; 表 *Piao*, Tableaux chronologiques ; 列傳 *Lié tchouann,* Biographies et notices sur les pays étrangers.

[2] 王延德 Ouang̃ Yenn-to, de la dynastie des Song̃, visita divers pays de l'Asie centrale, entre autres la contrée des Kao t'chang̃ (ouïgour), voyage dont il a laissé la relation sous le titre de 高昌行紀 Récit d'un voyage dans le pays de Kao tch'ang̃.

[3] 漢家史 'Hann tçia tchaï.

linḡ. Au sommet se trouve une pierre déposée dans la Salle du dragon où se lit l'inscription suivante : Petite montagne de neige. On y trouve en effet des ámas de neige considérables. Le froid s'y fait sentir à tel point que les voyageurs sont obligés de revêtir des vêtements de laine et de s'envelopper de couvertures. Une fois que l'on a traversé les Tçinn linḡ on ne met plus qu'un seul jour pour arriver à Peï t'inḡ (Ouroumtsi). »

Observations. La description du Si yu[1] donnée dans les Annales des 'Hann fait mention du royaume de Pi lou qui a sous sa dépendance l'État de Kann tanḡ situé à l'est des Monts célestes; du royaume postérieur de Pi lou qui a sous sa juridiction la vallée de Fann tçiu leï; du royaume de Yé li ché, dont dépend la vallée de Neï tchou; du royaume occidental de Tsié mi dont dépend la vallée de Yu ta située à l'est des Monts célestes; du royaume oriental de Tsié mi, dont dépend la vallée de Toueï chiu, située également à l'est des Monts célestes; du royaume de Tçié, dont dépend la vallée de Tann tçiu à l'est des Monts célestes, et enfin du royaume de 'Hou 'hou dont dépendent Tch'o ché et la vallée de Léou. Après un examen approfondi, nous trouvons que les anciennes frontières de ces différents pays ne sont autre chose que celles des pays de Soubachi, de Chennim et de K'annkoro qui dépendent de l'actuel Pidchan. Les pays de Kann tanḡ, de Fann tçiu leï, de Neï tchou, de Yu ta, de Toueï chiu, de Tann tçiu et de Léou, devaient se trouver dans la contrée située

[1] Le nom de 西域 *Si yu* (contrées occidentales) répond généralement fort bien à notre expression d'Asie centrale.

au nord des Tçinn ling̃ et dans les vallées nombreuses que l'on rencontre au sud-est du Bogda ola. Et les pays de Kann tang̃, de Yu ta, de Toueï chiu et de Tann tçiu, qui, dit-on, se trouvaient à l'est des Monts célestes, devaient être encore bien plus près du Bogda ola.

Il est fait mention dans la biographie de Sié Yenn-to, contenue dans les Annales des T'ang̃, de Tçi pi ko leng̃, K'ann (roi) de Y vou tchenn mo, qui alla s'établir sur la montagne T'ann'hann. Or, nous voyons dans les Annales des Soueï qu'à soixant-dix li au nord de la montagne Tch'é ché (aux pierres rouges) il y a une montagne nommée T'ann 'hann, laquelle, d'après l'aspect des lieux, doit être le Bogda ola de nos jours. Et la montagne Tch'é ché (aux pierres rouges) qui en est à soixante-dix li au sud doit être le Tçinn chann (Mont d'or) dont fait mention la Description géographique des T'ang̃, et le Tçinn ling̃ (Monts dorés) dont parlent les Annales des Song̃. On voit que le nom est resté le même jusqu'à nos jours.

Cependant nous trouvons que dans les Annales des T'ang̃ il est dit qu'à quatre-vingt li au nord de Tçiao 'ho chienn se trouve l'Auberge de la Source du Dragon[1], et que, de plus, en pénétrant dans les vallées et en parcourant l'espace de cent trente li, on traverse successivement les pays de Léou, de Tou tçinn, et les Cha ling̃ (Mont sablonneux); il y a donc deux cent dix li de Tçiao 'ho chienn aux Tçinn ling̃ et aux Cha ling̃. Dans la relation du voyage de Ouang̃ Yenn-to il est dit qu'on met six jours de Tçiao 'ho tchéou au défilé des Tçinn

[1] 龍泉館 Long̃ tsuann kouann.

ling̃, et qu'à deux jours de là se trouve la Station des familles chinoises : cinq jours après, est-il ajouté, on commence à gravir les Tçinn ling̃ ; il y a donc treize jours de marche de la ville de Tçiao ʻho aux Tçinn ling̃. Nous soupçonnons qu'alors la région située entre le Doulou daba jusqu'au Tokla ola portait le nom général de Tçinn ling̃, nom qui n'est plus donné de nos jours qu'aux montagnes situées au nord des diverses villes placées sous la juridiction de Pidchan.

都魯達巴 Doulou daba[1].

Le Doulou daba est à cent vingt li au nord-ouest de la ville de Tçiao ʻho ; cette branche est une ramification du Tokla ola qui se trouve à l'est de Ti ʻhoua tchéou (Ouroumtsi) : elle se dirige dans la direction de l'est. Elle appartient aux Tçinn ling̃ et a une étendue de cent li de l'est à l'ouest. A l'ouest il y a un marais de plusieurs li de circonférence qui porte le nom d'olan nor ; il est formé de cours d'eau qui coulent dans les vallées des Tçinn ling̃. Le Doulou daba constitue le rempart des différentes villes situées à l'ouest de Ya mouch.

Observations. Nous voyons dans la Relation du voyage de Ouang̃ Yenn-to de la dynastie des Song̃ dans le pays des Kao tchʻang̃ (ouïgours), qu'en passant par Tçiao ʻho tchéou on arrive au défilé des Tçinn ling̃ au bout de six jours, et que deux jours après on arrive à la Station des

[1] Voyez, pour l'étymologie de ce nom, la note 2 de la page 72.

familles chinoises. Si nous comparons ce dire avec l'aspect actuel de la contrée, il est évident que la Station des familles chinoises devait être proche du Doulou daba.

蘇巴什塔克 SOUBACHI TAK[1].

Le Soubachi tak est au sud de Pidchan : se détachant du Borotou tak et du Narin kira tak, il s'étend dans la direction de l'est, passe par la frontière méridionale du territoire de Pidchan, traverse la frontière orientale, et s'arrête. C'est le rempart méridional du territoire de Pidchan.

Une fois que l'on a traversé cette montagne on trouve au sud-est le désert de sables. L'entrée de la vallée septentrionale est à cinquante li au sud-ouest de Toksan : il y a dans cette vallée deux immenses rochers; dès que l'on a pénétré dans l'intérieur d'une dizaine de li on ne trouve plus que peu d'eau et peu de végétation. C'est par cette vallée que passait la route qui allait jadis du pays de Tch'o ché à celui de Yenn tçi.

Extrait des Annales des T'ang̃, Section géographique. « Depuis les deux villes de Nann p'ing̃ et d'Ann tch'ang̃ qui sont situées au sud-ouest de Si tchéou, jusqu'à l'endroit où l'on entre dans la vallée, au sud-ouest des Monts célestes, c'est-à-dire pendant l'espace de cent vingt li, on ne traverse que des pays rocailleux et sablonneux. »

Observations. Le Si tchéou des T'ang̃ est le Soubachi tak du Pidchan actuel, lequel est à cent soixante-

[1] *Sou*, mot 'houeï = eau; *bachi* = source.

dix li au sud-ouest de Pidchan. Quant à la vallée située au sud-ouest de Si tchéou dont parle la Section géographique des Annales des T'anḡ, elle ne doit pas être autre chose que là vallée de Soubachi. Nous pensons qu'en disant que le pays est rocailleux elle fait allusion aux deux grands rochers qui se trouvent dans la vallée. Nous remarquons de plus qu'en sortant de Toksan on trouve à l'ouest trois routes : l'une sort d'Iralik, passe par le Alatsi ola et pénètre dans la vallée; puis elle traverse le Kour Tous pour arriver à Ili. L'autre passe par le défilé du Narin kira tak, traverse la vallée de Borotou, et se dirige vers le sud pour atteindre Tch'ou 'hounn; la dernière enfin entre au sud-ouest dans la vallée de Soubachi, traverse le Kumuch akma tak et arrive aussi à Tch'ou 'hounn.

納林奇喇塔克 NARIN KIRA TAK[1].

Le Narin kira tak est à cinquante li à l'ouest du Soubachi tak; l'entrée de sa vallée orientale est à quatre-vingt-dix li au sud-ouest de Toksan. Le pic le plus élevé de cette chaîne est l'Orgoun daba. Depuis l'entrée de la vallée s'étend dans la direction du sud-ouest une longue chaîne de pics.

[1] *Narin*, en dzoñgar (dialecte mongol de la Dzongarie) signifie fin, menu; *kira* = leanḡ, cime, sommet de montagne.

博羅圖塔克 BOROTOU TAK[1].

Le Borotou tak est à cinquante li à l'ouest du Narin kira tak; il se trouve sur la frontière nord-est du pays de Karachar. Des amas de neige couvrent la montagne. Le Borotou koul prend sa source à la base septentrionale du Borotou tak. La vingt-sixième année du règne de Tçienn long (1761), un fonctionnaire y fut envoyé pour y faire un sacrifice, et depuis cette époque on n'a cessé chaque année d'y faire des sacrifices deux fois par an, au printemps et à l'automne. Si on passe par l'entrée septentrionale de la vallée et si l'on se dirige vers l'ouest, on arrive au Koul Tous; si l'on sort par l'ouverture sud-ouest de la vallée et si l'on se dirige vers le sud-ouest, on arrive aux frontières du territoire de Karachar.

(Ici se trouvent deux morceaux de littérature sur le sacrifice dont il vient d'être fait mention; comme leur traduction ne pourrait présenter aucun intérêt au lecteur, nous avons jugé à propos de l'omettre.)

OBSERVATIONS. Le Borotou tak touche au nord et au sud à l'Alatsi ola; il a la forme d'une clef; au sud il forme la limite du territoire des tribus mohamétanes : c'est le point le plus important des frontières sud-ouest du territoire de Pidchan.

[1] *Boro* en dzongar signifie pluie; *tou* est la terminaison adjective *qui a,* ou *il y a* : le nom vient de ce qu'il y pleut continuellement.

楚輝塔克 TCHOUI K'OUI TAK[1].

Le Tchoui k'oui tak est à dix li au nord de la ville de Karachar : c'est une branche de l'Alatsi ola. Le Kirkouitou koul prend sa source à sa base méridionale et coule vers le sud jusqu'à l'est de la ville de Tchoui k'oui, où l'on se sert de ses eaux pour arroser les champs.

Extrait des Annales des 'Hann postérieurs. Description de l'Asie centrale[2]. « Le royaume de Yenn tçi est environné de tous côtés par de hautes montagnes. »

Observations. Le Karachar de nos jours est l'ancien royaume de Yenn tçi; le Tçhou k'oui tak en est au nord : c'est la montagne septentrionale de l'ancien royaume de Yenn tçi. Quant à ce que nous trouvons dans les Annales des Tchéou et des Soueï, à savoir que le royaume de Yenn tçi est à soixante-dix li au sud de la montagne Po (blanche), il est évident que ce dernier nom désigne la branche même des T'ien chann (Monts célestes). De plus comme cette montagne Po (blanche) est située au nord du Tchoui k'oui tak, elle doit correspondre au Mengko tou daba de nos jours, car la position et la situation données de ces deux montagnes s'accordent parfaitement.

[1] *Tchoui k'oui*, mot houeï, est traduit en chinois par 新苗之草 jeune plant, ou pousse.

[2] Le 後漢書 *'Héou 'Hann chou*, ou Annales des 'Hann postérieurs, dû pour la plus grande partie à 范曄 Fann yé, et qui va de l'an 25 de notre ère à l'an 220, est divisé en trois parties, comprenant 120 livres : *Ti tçi* ou Chronique; *Tché*, Mémoires divers; *Lié tchouann*, Biographies et notices sur les pays étrangers.

海都塔克 K'AÏDOU TAK[1].

Le K'aïdou tak se trouve à deux cent cinquante li à l'ouest du Tchoui k'oui tak, au sud du K'aboutsi kaï tak, au nord de K'arachar. Le K'aboutsi kaï koul et le Koul Touz koul unissent leurs eaux, se dirigent vers le sud et, sortant par le défilé du K'aïdou tak forment le K'aïdou koul. La chaîne du K'aïdou tak se sépare du Tengkiri ola[2] à l'ouest et arrive ici après un parcours de neuf cents li. C'est le rempart septentrional du territoire de K'arachar.

EXTRAIT DU COMMENTAIRE DU CHOUEÏ TÇING̃ OU LIVRE CANONIQUE DES EAUX[3] : «La montagne Tounn 'hong̃ est au nord du royaume de Yenn tçi, à l'ouest du pays habité par les Chiong̃ nou (Huns), à l'est des Ousounn[4].»

[1] *K'aïdou*, en 'houeï, signifie sinueux; 曲折山.

[2] *Tengkiri ola*, monts célestes, est la traduction mongole de 天山.

[3] Le 水經 *Choueï tçing̃*, ou Livre canonique des eaux, est le plus ancien traité d'hydrographie qui existe en Chine. On en attribue la rédaction primitive à 桑欽 Sang̃ Tc'inn, qui vivait au commencement de l'ère chrétienne, et nous voyons cet ouvrage mentionné dans l'Inventaire général de l'historien Pann Kou de la dynastie des 'Hann. Cependant il paraîtrait que le Choueï tçing̃ actuel serait postérieur et daterait de l'époque des trois royaumes. (Voyez Wylie, *Notes on the chinese literature*, p. 43). Le lettré 酈道元 Li Tao-yuann, des Oueï septentrionaux (386—532) a écrit sur cet ouvrage un commentaire estimé.

[4] Les Ousounn habitèrent primitivement l'extrémité septentrionale de la province actuelle du Kann sou, puis, par suite de migrations et de guerres, allèrent s'établir au nord des Monts célestes. (Klaproth, *Tableaux historiques de l'Asie*, p. 163.)

Observations. K'arachar est l'ancienne Yenn tçi : le K'aïdou tak, étant juste au nord de K'arachar, doit être la montagne Tounn 'hong des anciens temps.

庫木什阿克瑪塔克 Koumchi akma tak[1].

Le Koumchi akma tak est à cent quarante li au sud-ouest de l'entrée de la vallée septentrionale de Soubachi tak. Lorsqu'on quitte la vallée septentrionale de Soubachi et que l'on dirige sa marche vers le sud-ouest, on entend peu à peu au bout de dix li environ le murmure des eaux: la vallée elle-même est en effet couverte d'une nappe d'eau peu profonde. Les deux chaînes de montagne qui enserrent la vallée se rapprochent l'une de l'autre, la chaîne occidentale s'élevant perpendiculairement comme un mur, à tel point que les voyageurs ne voient plus au dessus de leurs têtes qu'un mince lambeau de ciel[2]. A un li environ plus loin se trouve une plaine de sable; à vingt li de là sont d'immenses rochers au travers desquels circulent de dangereux sentiers où les voitures ne peuvent passer. C'est le défilé de la frontière occidentale de l'ancien royaume de Tch'o ché[3]. Si l'on marche encore pendant vingt li on arrive à Aikar boulak, et cinquante li plus loin on sort de la vallée par l'extrémité

[1] *Koumchi*, en 'houeï = argent (turc : gumuch); *akma*, en 'houeï, signifie accumulé.

[2] 一線天.

[3] Le royaume de Tch'o ché 車師國 est identifié avec Koutché de nos jours.

méridionale. Là s'arrête la chaîne qui se détache du Soubachi tak et se dirige vers le sud-ouest.

EXTRAIT DES ANNALES DES T'ANG̃, Description de l'Asie centrale : «Le roi du pays de Yenn tçi, Long̃ tou tç'i tché, n'ayant pas envoyé de tribut à la cour, il fut ordonné à Kouo Chiáo-ko, gouverneur d'Ann si, de prendre, en qualité de gouverneur en chef de la province de Si tchéou, le commandement des troupes, et d'aller le soumettre en passant par la route de la montagne Ynn (d'argent).»

EXTRAIT DU MÊME OUVRAGE, Section géographique : «Au sud-ouest de Si tchéou on traverse des pays rocailleux et sablonneux, et, après avoir fait deux cent vingt li, on arrive à la montagne Ynn (d'argent).»

OBSERVATIONS. En 'houeï ou turc oriental, koumchi signifie «*argent*» et akma a le sens d'«*être accumulé et ne pas se disperser*». Le Koumchi akma tak est donc la montagne Ynn (d'argent) dont font mention les Annales des T'ang̃, et c'est évidemment le Koumchi akma tak que les troupes de Kouo Chiao-ko traversèrent, puisque, au dire de ces mêmes Annales elles prirent par la route de la montagne Ynn (d'argent).

額格爾齊塔克 EGERDSI TAK[1].

L'Egerdsi tak est situé à cent trente li au sud-ouest du Koumchi akma tak. Lorsqu'on part du défilé oriental du Koumchi akma tak, on arrive, après avoir fait qua-

[1] *Egerdsi tak* signifie en 'houeï montagne en forme de selle.

rante li dans la direction de l'ouest, au défilé septentrional de la montagne méridionale. Là, si on tourne au sud-est, et si l'on fait trente li dans la direction du sud-ouest, on sort par le défilé méridional; si, à cet endroit, on tourne de nouveau à l'ouest, on arrive, après soixante li de marche, au pied du penchant occidental de la montagne où se trouvent des rochers étranges sculptés avec soin. Le sol est couvert de roseaux et d'herbes, et, si on le creuse, on trouve de l'eau. Si de là on se dirige vers le sud-ouest, on entre dans le désert de sables.

Extrait des Annales des Tsinn[1], Description des barbares occidentaux : «Le royaume de Yenn tçi est entouré de tous côtés de hautes montagnes; les chemins qui les traversent sont excessivement dangereux, et cent hommes suffiraient pour empêcher mille ennemis d'y passer.»

Extrait des Annales des T'ang̃, Section géographique : «A quarante li de la montagne Ynn (d'argent), lorsqu'on arrive à l'Auberge (ou station) de Lu kouang̃, on passe également par des rochers courbes.»

Observations. Le nom actuel de Koumchi akma se traduit par *montagne d'argent* (Ynn chann). L'Egerdsi tak où se trouvent des rochers extraordinaires est à l'extrémité sud-ouest du Koumchi akma tak. Ces rochers sont les rochers courbes desquels il est fait mention dans

[1] Le 晉書 *Tsinn chou* ou Annales des Tsinn (265—419) fut compilé sur l'ordre de l'empereur T'aï tsong̃ des T'ang̃ par une commission de lettrés. Cet empereur ne dédaigna pas de collaborer lui-même à l'ouvrage. Il se compose de 130 livres en 4 sections : Chronique impériale: Mémoires; Biographies et notices des pays étrangers; Histoire contemporaine.

les Annales des T'ang. Encore que sa position et sa situation exactes ne puissent être vérifiées, l'Auberge (ou station) de Lu kouang devait se trouver à l'est de l'Egerdsi tak. En nous appuyant sur ce que disent les Annales des T'ang, à savoir que le royaume de Yenn tçi avait six cents li de longueur, et en comparant ce dire avec l'état actuel des lieux, nous trouvons que ce pays de Yenn tçi devait occuper le territoire qui s'étend entre le Koumchi akma tak et le Kourle tak à l'ouest, et que la montagne Ynn (d'argent), en formant la frontière orientale, l'ancienne auberge (ou station) de Lu kouang devait évidemment s'en trouver à l'ouest.

沙 山 Cha chann.

Les Cha chann (Monts sablonneux) sont à cent vingt li au sud du Bosteng nor : ils forment le rempart méridional du territoire de K'arachar. Cette chaîne se détache de l'Egerdsi tak et vient se terminer ici après avoir traversé le désert de sables ; elle consiste en une série de pics qui forment une ligne droite. A l'ouest les Cha chann touchent au Kourle tak.

Extrait des Annales des 'Hann, Description de l'Asie centrale : « Il y a deux cent quarante li du royaume de Chann (Montagneux) au royaume de Oueï li[1] en se dirigeant vers l'ouest. Jusqu'au royaume de

[1] *Oueï li kouo* est le nom qu'a porté le territoire de 'Ha lo kou mann depuis les 'Hann occidentaux jusqu'aux Oueï septentrionaux (206 av. J.-Ch. à 532 ap. J.-Ch.).

Yenn tçi il y a cent soixante li en se dirigeant vers le nord-ouest; en allant vers l'ouest il y a deux cent soixante li jusqu'au royaume de Oueï siu; du côté du sud-est il est limitrophe des royaumes de Chenn chann et de Tsié mo. Les montagnes produisent du fer. Les habitants vivent dans les montagnes; ils habitent en plein air et achètent dans les royaumes de Yenn tçi et de Oueï siu[1] les grains qui sont nécessaires à leur subsistance.

EXTRAIT DES ANNALES DES TSINN, Description des barbares occidentaux : «Yang̃ Chuann-tçiang̃, préfet de Cha tchéou et tout à la fois gouverneur de l'Asie centrale, mit le général Tchang̃ Tché à la tête de son avant-garde. Tout se soumit à la nouvelle de son approche. L'armée arriva au royaume de Yenn tçi : Chi (roi de ce pays) livra bataille sous les murs de la ville de Feunn lounn; il fut battu par Tchang̃ Tché qui s'avança jusqu'aux Portes de fer[2]. Il n'en était plus qu'à dix li environ quand Chi, à la tête de ses troupes, se décida à l'attendre dans la vallée de Tchou léou : Tchang̃ Tché allait entrer dans la vallée lorsqu'on lui dit qu'une embuscade y était préparée. Tchang̃ Tché fit seul à cheval une reconnaissance, et, en effet, à son approche, des soldats ennemis sortirent des lieux où ils s'étaient embusqués; Tchang̃ Tché se lança en avant avec ses

[1] *Oueï siu kouo* est le nom sous lequel le territoire de Tchagan tongge fut désigné, depuis les 'Hann occidentaux, jusqu'à l'époque des trois royaumes (206 av. J.-Ch. à 265 ap. J.-Ch.).

[2] 鐵門 T'ié meunn.

troupes et défit l'armée ennemie, puis, profitant de sa victoire, conquit le pays de Oueï li.»

OBSERVATIONS. Nous voyons que dans le royaume de Chann (Montagneux) la population habite dans les montagnes. Le commentaire de Ché kou[1] dit : «Les habitants demeurent constamment au pied des montagnes et ne construisent pas de villes pour y résider.» De plus, comme le pays de Yenn tçi, de Oueï siu et de Oueï li sont limitrophes, nous trouvons, d'après le calcul des distances, que Yenn tçi est le K'arachar actuel, Oueï siu le Tchagan tongge, et Oueï li le Karako aman de nos jours; en conséquence le royaume de Chann (Montagneux) devait se trouver dans les vallées qui sont à la base orientale des Cha chann (Monts sablonneux); c'est ce que signifie la phrase : le royaume de Chann (Montagneux) est limitrophe à l'est et au sud des états de Chenn chann et de Tsié mo. Si l'on traverse les Cha chann (Monts sablonneux) et si l'on se dirige vers le sud-est, on entre dans le désert de sables : c'est justement là où se trouvaient jadis les états de Tsié mo et de Chenn chann.

Quant à Tchang Tché de la dynastie des Tsinn, lorsqu'il se mit en campagne pour conquérir le royaume de Yenn tçi, il se dirigea de Cha tchéou vers le nord-ouest et dut arriver à la frontière sud-est de Yenn tçi. Or, les Cha chann (Monts sablonneux) sont situés au sud de K'arachar et les territoires situés à l'est et à l'ouest

[1] 顏師古 Yenn Ché-kou, de la dynastie des T'ang, a écrit un excellent commentaire sur les Annales des 'Hann.

de ces monts sont sous la juridiction de K'arachar; de telle sorte que l'ancienne vallée de Tchou léou devait se trouver aussi à la base sud-est des Cha chann (Monts sablonneux) de nos jours. C'est pourquoi, lorsque Tchang Tché se dirigea vers l'ouest et fit la conquête du royaume de Oueï li, il dut nécessairement passer par la frontière méridionale du royaume de Yenn tçi; quant à la position de l'ancienne ville de Feunn lounn, il est impossible de la déterminer.

Cha chann (Monts sablonneux) est le nom chinois qui a été transmis de génération en génération; ce n'est ni un nom djoungar ni un nom turc.

庫隴勒塔克 Kourle tak[1],

Le Kourle tak est à cent quatre-vingt li au sud-ouest de K'arachar. Cette chaîne, qui se détache des Cha chann (Monts sablonneux), se dirige vers l'ouest pendant l'espace de cent li environ : à son extrémité occidentale elle est fort élevée et d'un passage fort dangereux : c'est par là que l'on se rendait de l'ancien royaume de Yenn tçi dans les autres états de l'ouest.

Extrait des Annales des T'ang, Description de l'Asie centrale : «Pour aller de Yenn tçi au royaume de Koueï tseu on fait d'abord deux cents li dans la direction du sud-ouest, on passe une petite montagne, on traverse

[1] *Kourle,* en 'houeï', signifie regarder; voici l'étymologie chinoise du nom de cette montagne : 山形矗起可供瞻眺故名.

deux grandes rivières, puis enfin l'on fait encore sept cents li.»

OBSERVATIONS. A l'époque de la dynastie des ʿHann, Kourle faisait partie du royaume de Oueï li; et en effet le Kourle tak et l'Egerdsi tak embrassent le territoire de l'ancien royaume de Oueï li à l'est et à l'ouest. Aussi a-t-on pu dire «que ce pays est entouré de montagnes de tous côtés». Le Kourle tak est à cent quatre-vingts li de Kʿarachar : c'est évidemment la petite montagne (Siao chann) dont parlent les Annales des Tʿang̃.

Toutes les montagnes qui se trouvent entre le Narin kira tak et le Kʿaïdou tak forment la frontière septentrionale du territoire de Kʿarachar; toutes celles qui sont entre le Koumchi akma tak et le Kourle tak en constituent la frontière méridionale. La frontière occidentale s'étend jusqu'au Kʿaïdou koul.

達蘭達巴 DALAN DABA[1].

Le Dalan daba est situé à quatre-vingts li à l'ouest du Kʿaïdou koul, à cent quatre-vingts li au nord-ouest de la ville de Karako aman. Cette chaîne se détache du Tengkiri ola et se dirige vers le sud-est : elle a une étendue de sept cents li environ. A l'est, elle touche au Kʿaïdou tak.

[1] *Dalan* signifie soixante-dix en djongar : *dalan daba* signifie donc les soixante-dix montagnes, parce que sans doute la chaîne se compose d'un grand nombre de collines.

拜拉克塔克 BAÏLAK TAK[1].

Le Baïlak tak est à trois cents li au nord-ouest du Dalan daba. La branche occidentale du Koul tous prend sa source au pied septentrional de cette montagne.

烏什噶克塔克 OUCHIGAK TAK[2].

L'Ouchigak tak se trouve à cent li à l'ouest du Baïlak tak; une branche occidentale du Koul tous prend sa source au pied septentrional de la montagne.

哈喇庫爾達巴 K'ARA KOUR DABA[3].

Le K'ara kour daba est à cent li au sud-ouest de l'Ouchigak tak, à l'ouest d'Opor et au nord de Yugour. La montagne est élevée et les précipices y sont très profonds : c'est la ramification la plus remarquable de la chaîne des Monts célestes. Le Tinar koul et l'Ilan boulak prennent leur source sur le penchant méridional de la montagne.

[1] *Baïlak* = homme riche, en 'houeï.

[2] *Ouchigak tak* = en 'houeï : montagne dangereuse et glissante. 山峰險滑.

[3] En 'houeï *kour* a le sens de formant des gradins successifs, s'élevant en étages. *K'ara* = noir.

愛呼木什塔克 Aï KOUMCHI TAK[1].

L'Aï koumchi tak est à cent cinquante li à l'ouest du Kara kour daba. L'aspect de la montagne est humble et mesquin. C'est aussi une branche des Monts célestes.

庫克納克達巴 KOUKE NAK DABA[2].

Le Kouke nak daba est à cinquante li à l'ouest de l'Aï koumchi tak; l'Ochikbachi koul y prend sa source sur le penchant méridional. Le Kouke nak daba se détache de la chaîne des Monts célestes à la hauteur de l'Ochikbachi ola, se dirige vers l'est et parcourt une étendue d'environ soixante li.

布里博克濟塔克 BOURI BOUKDSI TAK[3].

Le Bouri boukdsi tak est situé au sud de la ville de Saïrim, sur la rive méridionale du Mousour koul. Cette ramification, qui va aussi de l'ouest à l'est, vient du Touk'ana daba.

[1] En 'houeï *aï* = bouche, et *koumchi* = roseau (quāmich en turc).
[2] *Kouke nak daba* signifie en 'houeï : Montagne de l'hirondelle bleue.
[3] *Bouri* = loup, et *boukdsi* = cou, en 'houeï.

鄂克阿特庫塔克 OK ATKOU TAK[1].

L'Ok atkou tak est à l'ouest du Bouri boukdsi tak, et au sud-ouest de la ville de Baï, sur la rive méridionale du Mousour koul.

却爾噶塔克 KIYORGU TAK[2].

Le Kiyorgu tak est à l'ouest de l'Ok atkou tak, au sud-ouest du Mousour koul : de plus il touche à l'ouest au Touge k'ana daba.

圖格哈納達巴 TOUGE K'ANA DABA[3].

Le Touge k'ana daba est à quarante li à l'ouest du Mousour koul : cette ramification se détache de la chaîne même des Monts célestes à la montagne de Sawaboudsi; elle se dirige vers le sud-est et à un parcours de deux cents li. Le Touge k'ana daba produit du sel blanc; la couleur en est excessivement claire et brillante. L'usage de ce sel est très répandu dans la contrée et même dans les contrées éloignées.

1 En 'houeï *ok* signifie flèche (trait), en turc *og;* et *atkou* tirer, en turc *âtmak* : le nom de *Montagnes où l'on tire des flèches* vient de ce que les indigènes y vont à la chasse.

2 *Kiyorgu tak* signifie en 'houeï Montagne de la cascade.

3 *Touge* = chameau; *k'ana* = fatigué.

哈喇裕勒衮塔克 K'ARA YOULGOUN TAK[1].

Le K'ara youlgoun tak est à quarante-cinq li au sud-ouest du Touge k'ana daba : c'est aussi une petite montagne.

EXTRAIT DES ANNALES DES T'ANG̃, Description de l'Asie centrale : «A trois cents li à l'est du royaume de Koueï tseu on traverse une contrée rocailleuse.»

OBSERVATIONS. Le K'ara youlgoun tak dépend du Touge k'ana daba : il est à trois cents li à l'ouest de K'outché; or, K'outché étant l'ancien Koueï tseu, il en résulte que la région rocailleuse dont parlent les Annales des T'ang̃ doit être proche du K'ara youlgoun tak. Depuis le Dalan daba jusqu'à cette montagne les pics et les cimes s'élèvent graduellement en étages. Au nord du K'ara youlgoun tak sont les sources du Youl tous; le Youl tous koul est l'ancien Yng̃ so tch'ouann (Ruisseau du saut de l'aigle)[2]. Il en résulte que la chaîne du K'ara youlgoun tak doit être le rempart méridional du gouvernement de Yng̃ so (saut de l'aigle) de l'époque des T'ang̃.

[1] *Youlgoun* = saule; *k'ara* = noir. Ici il y a beaucoup de saules qui donnent de l'ombrage.

[2] 鷹娑川 Yng̃ so tch'ouann.

額爾齊斯哈喇塔克 ERDSIS K'ARA TAK[1].

L'Erdsis k'ara tak est à l'ouest d'Ouché, à cinquante li au sud-ouest de Choparpaï. L'aspect de la montagne est mesquin. Une grande route y passe. Si de là on traverse les Monts célestes on trouve, au nord de ces monts, le Potolik ola; puis si l'on tourne à l'ouest, on arrive sur les frontières du territoire occupé par les tribus Bourouts (Kirghiz).

松塔什塔克 SONG̃ TACHÉ TAK[2].

Le Song̃ taché tak se trouve à quarante li au sud-ouest de l'Erdsis k'ara tak; il est une grande route au nord. On appelle Song̃ taché toute la contrée, du nom de la montagne qu'elle renferme.

固勒扎巴什達巴 GULDCHA BACHI DABA[3].

Le Guldcha bachi daba est à cent li au sud-ouest du Song̃ taché tak. Il forme le rempart occidental du terri-

[1] *Erdsis*, mot djongar, est traduit par l'expression chinoise 遒緊 *tsiéou tçinn* : cette expression a plusieurs sens que l'on ne trouve pas dans les dictionnaires et que nous croyons utile de relever ici : 1° elle se dit de quelqu'un qui agit avec promptitude; 2° elle signifie « serrer fortement », comme une corde par exemple; 3° enfin elle désigne une chute d'eau se précipitant du haut d'un monticule en bas; en d'autres termes une cascade. C'est évidemment dans ce sens qu'elle est donnée comme équivalent du mot *erdsis*.

[2] *Song̃ taché* = cime ou pic en 'houeï.

[3] *Guldcha*, mot 'houeï, est traduit par 盤羊 *p'ann yang̃*. C'est l'argali, mouton que l'on trouve dans la Mongolie et la Sibérie.

toire d'Ouché. La chaîne du Guldcha bachi, qui se compose d'une série de collines se succédant sans interruption, est une branche du Kakchar ola : elle se dirige vers le sud-est et traverse la contrée située au sud du T'ochekan déria. Là, les penchants des collines sont plus abruptes, et l'élévation du Guldcha bachi y atteint plusieurs centaines de Tchang̃.[1] Les pics, s'élevant en étages, semblent vouloir percer de leur sommet la voûte céleste.

En se dirigeant vers l'orient on trouve le Song taché tak, l'Erdsis K'ara tak. A quatre cents li environ à l'est d'Ouché, on arrive à la limite occidentale de la vallée du T'ochekan déria : la chaîne du Guldcha bachi finit à cet endroit.

Observations. Nous voyons que, dans les Annales des 'Hann, il est dit que le royaume de Oueï t'éou[2] est limitrophe du royaume de Sou lo[3], mais que les routes passant à travers les montagnes ne permettent pas de communications entre ces deux états. Oueï t'éou est le moderne Ouché, et Sou lo le Kachgar de nos jours. Or le Guldcha daba, qui vient du sud-ouest d'Ouché et se dirige vers le sud est, traverse la contrée à l'est d'Ouché et y termine sa chaîne. Au sud du Guldcha bachi est un désert de sables d'une étendue de mille li. D'ailleurs, dans toute la contrée, les parties sablonneuses ont une bien plus grande étendue que les terres arables. Il ré-

[1] Un *tchang* vaut dix pieds.
[2] Le royaume de Oueï t'éou est identifié avec Ouché.
[3] Sou lo est l'ancien nom de Kachgar.

sulte de ce qui précède que les montagnes situées au sud d'Ouché, jusqu'à celles situées encore plus à l'occident d'Ouché, sont juste situées entre les deux territoires qu'occupaient les royaumes de Oueï t'éou et de Sou lo de l'époque des 'Hann. C'est l'explication de ce que disent les Annales des 'Hann que les routes passant à travers les montagnes ne permettent pas de communications entre ces deux états; et en effet, aujourd'hui, dans la partie occidentale du Guldcha bachi daba, les sentiers sont si difficiles et si dangereux que l'on ne peut pas même y passer à pied. On voit que cela s'accorde avec ce que disent les Annales des 'Hann.

赫色勒額什墨塔克 K'ESEL ECHIME TAK[1].

Le K'esel echime tak est à trente cinq li au sud-ouest du Guldcha bachi daba.

英額齊盤塔克 INGGE DSIPAN TAK[2].

L'Ingge dsipan est au sud-ouest de Yarkand. Sa partie occidentale a pour vis-à-vis, pendant l'espace de dix li, les parties orientales et occidentales du Youl alik tak. L'Ingge dsipan est situé sur la limite occidentale du

[1] *K'esel*, mot 'houeï signifiant rouge (*qyzyl* en turc); *echime* signifie petite source.

[2] Ou *Ingichi dsipan*. En 'houeï *ingichi* signifie au bas de la colline; *dsipan* est un mot persan.

bassin du Yarkand usteng̃[1], tandis que le Youl alik tak se trouve sur sa limite méridionale.

密爾岱塔克 MIRDAÏ TAK[2].

Le Mirdaï tak (nom que l'on prononçait autrefois bir tak) se trouve au sud-est de Yarkand. Il produit du jade. A partir du Mirdaï tak, toutes les montagnes que l'on rencontre en se dirigeant vers l'est et qui sont limitrophes de la frontière méridionale du pays de K'oten, produisent toutes du jade.

庫克雅爾塔克 KOUKIYAR TAK[3].

Le Koukiyar tak est au sud-est du Youl alik tak. Le Ting tsa pou usteng̃ prend sa source dans la partie méridionale du Koukiyar tak.

貝拉塔克 BOIRA TAK[4].

Le Boira tak est au nord-est du Koukiyar tak. Au sud du Boira tak sont les limites sud-ouest de Loutchouk.

[1] Ou Yarkand deria, rivière de Yarkand.

[2] L'étymologie de ce nom n'est pas donnée par le *Si yu tong̃ ouenn tché.*

[3] *Kouke yar tak* = montagne aux pentes bleues.

[4] *Boira* en 'houeï signifie natte (en turc *bouria*).

奇勒楊塔克 KIRYANG TAK[1].

Le Kiryang tak est au sud du Beila tak, à l'est du Koukiyar tak. Au sud du Kiryang tak et du Koukiyar tak sont les frontières du Ouenn tou sseu tann (Hindoustan).

和什塔克 K'OCHI TAK[2].

Le K'ochi tak est au nord-est du Kiryang tak. Le Yéchi koul prend sa source à la base orientale de cette montagne.

薩納珠塔克 SANATCHOU TAK[3].

Le Sanatchou tak est au sud-est du Sanatchou (koul). Se détachant du Ingge dsipan il forme une chaîne droite qui va de l'est à l'ouest; à cette chaîne appartiennent les montagnes situées sur la frontière méridionale de Yarkand. Toutes sont des ramifications des Ts'ong ling; elles s'étendent vers le sud-est pendant l'espace de six cents li environ et touchent aux montagnes situées sur la frontière méridionale du K'oten.

1 *Kiryang* ou *Kilyang* signifie en 'houeï pierre à aiguiser, meule.

2 *K'ochi tak* signifie en 'houeï montagne à double pic.

3 Sanatchou ou Sanadchou.

堅珠塔克 KIENDCHOU TAK[1].

Le Kiendchou tak est sur la frontière sud-ouest du K'oten, au sud-ouest également du Tsaowar, à deux cents li à l'est du Sanatchou tak.

哈郎歸塔克 K'ARANGGUI TAK[2].

Le K'aranggui tak (nom que l'on prononçait autrefois 'Halanggui) est situé sur la frontière sud-ouest du K'oten, au sud de Tsaowar. Au sud-est se trouve l'Echime tis tak. Toutes ces montagnes sont sur la frontière méridionale du K'oten, et sont également des ramifications des Ts'ong̃ ling̃. On arrive au K'aranggui tak en traversant les montagnes de la frontière méridionale du Yarkand et en se dirigeant ensuite vers l'est. Le K'oten koul sort de sa base septentrionale.

EXTRAIT DES ANNALES DES 'HANN POSTÉRIEURS, Description de l'Asie centrale : «La rivière[3] a deux sources : l'une est située au pied des montagnes méridionales du K'oten».

[1] *Kiendchou* ou plutôt *Giandchou,* mot 'houeï, signifiant endroit où l'on accumule des richesses.

[2] *K'aranggui tak* signifie en 'houeï la montagne obscure. Obscur en turc se dit *qārānlu* ou *qarānou.*

[3] Par 河 'ho, rivière (par excellence), on entend toujours le 黃河 'Houang̃ 'ho, fleuve jaune.

EXTRAIT DES ANNALES DES OUEÏ[1]. Description de l'Asie centrale : «A trois li au sud-ouest du royaume de Pou chann est située le mont Tong̃ ling̃».

EXTRAIT DU SI YU TÇI DES T'ANG̃[2] : «A vingt li environ au sud-ouest de la capitale est le mont Tçiu ché leng̃ tçia[3] : il a deux sommets qui s'élèvent dans les airs. Les précipices y sont à pic et très profonds : dans l'un d'eux il y a un rocher de pierre précieuse qui attire et fait tomber dans le précipice tous ceux qui s'en approchent. Comme ce rocher barrait le passage, le roi du pays leva des troupes pour aller l'enlever; mais, lorsqu'on l'eut soulevé, des guêpes noires surgirent en foule dans les airs et piquèrent tous les soldats de leur venin empoisonné. Aussi jusqu'à ce jour la porte du rocher (ou de pierre)[4] est-elle restée fermée.»

OBSERVATIONS. Les montagnes qui forment la frontière méridionale de K'oten sont : le Kiendchou tak, le 'Halanggui tak, l'Echime tis tak. C'est de ces monts

[1] Le 魏書 *Oueï chou* ou Annales des Oueï, dû originairement à 魏收 Oueï Chéou des Tsi septentrionaux (550—577) embrasse la période de 386 à 556. Il est divisé en trois parties : *peunn tci*, chronique; *lié tchouann*, biographies et notices des pays étrangers; *tché*, mémoires.

[2] Le 唐西域記 *T'ang̃ Si yu tçi* ou Histoire et description de l'Asie sous les T'ang̃ est la description de 138 royaumes d'Asie, traduite du sanscrit en chinois par le célèbre pèlerin bouddhiste 元奘 Yuanntchouang̃. L'ouvrage entier a été traduit par Stanislas Julien sous le titre de *Mémoires sur les contrées occidentales*, Paris, 1857.

[3] 瞿室餕伽 Note chinoise : «Ce mot signifie *corne de bœuf*, 此言牛角». Ces quatre caractères que l'on prononce dans le sud *Kiu ché leng̃ kia*, sont la transcription phonétique du mot sanscrit *Gôçriñga*. Cette montagne est située près de K'oten, appelé alors Koustana.

[4] 石門 Ché méunn.

dont il est parlé dans les Annales des 'Hann postérieurs sous le nom de Montagnes méridionales de Yu tienn (K'oten).

Le royaume de Pou chann de la dynastie des Oueï est la contrée qui comprend aujourdhui Pichinan, Piyar, Asma, et, par suite, ce que l'on appelait alors le mont Tong̃ ling̃ doit se trouver sur la frontière sud-ouest de cette contrée. Quant à la montagne Tçiu ché leng̃ tçia située à vingt li environ de la capitale, dont parle le Si yu tçi, nous voyons que le territoire qui est à cent soixante li au sud-ouest de la ville d'Ilitchi (K'oten) porte actuellement le nom de Pichinan. La ville elle-même de Pichinan est située dans une vallée. Les deux noms de Pichinan et de Tçiu ché leng̃ tçia se prononcent à peu près de même[1], et de plus la position respective de chacun de ces endroits s'accorde parfaitement; les deux cimes à pic y existent encore; aussi le mont Tçiu ché leng̃ tçia dont parle le Si yu tçi des T'ang̃ devait se trouver au sud du Pichinan de nos jours, là où sont le Kiendchou tak, le K'aranggui tak, et l'Echime tis tak.

Quant à ce qui est dit dans les Annales des 'Hann, que l'une des sources du fleuve (jaune) est au pied des montagnes méridionales (du K'oten) on peut le vérifier ici.

En se dirigeant vers le sud-est à partir des montagnes méridionales du K'oten, on voit les pics se succéder en chaîne continue sur les bords du désert de

[1] Voilà qui est bien hasardé. Le texte est formel : Pichinan 與 Tçiu ché leng̃ tçia 字音相近.

sables. Cette chaîne, après avoir parcouru une étendue de cinq mille li environ, touche aux montagnes méridionales du circuit sud d'Ann si.

瑪雜爾塔克 MATSAR TAK[1].

Le Matsar tak est à trois cents li à l'ouest du K'oten koul; il forme le rempart septentrional du territoire de K'oten. Cette montagne n'a pas une grande élévation: elle produit du salpêtre. Il n'y passe pas de route.

EXTRAIT DES ANNALES DES OUEÏ, Description de l'Asie centrale : «Le territoire de Yu tienn (K'oten) a une étendue de mille li : les montagnes s'y succèdent sans interruption.»

OBSERVATIONS. Depuis Martchan oloti jusqu'au Matsar tak, en allant dans la direction de l'ouest, les montagnes se succèdent sans interruption jusqu'au Yarkand usteng̃ qui se trouve sur la frontière septentrionale du K'oten. C'est évidemment à cela qu'ont fait allusion les Annales des Oueï en disant que les «montagnes se succèdent sans interruption».

葱嶺 TS'ONG̃ LING̃[2].

Les Ts'ong̃ ling̃, que l'on appelle aussi Tçi y chann (Monts du doute extrême)[3], se trouvent au sud-ouest des

[1] L'étymologie de ce nom n'est pas donné dans le *Si yu t'ong̃ ouenn tché.*

[2] Sous le nom de *Ts'ong̃ ling̃* les Chinois désignent tout à la fois les Bolor et le Karakoroum.

[3] 極疑山 Tçi y chann.

Monts célestes. C'est là que viennent se réunir les montagnes méridionales. Les pics des Ts'onḡ linḡ s'élèvent en étages sur une étendue de plusieurs centaines de li, puis tout à coup la chaîne se termine en pentes douces. Les plus hauts pics ont leur sommet entouré de nuages. Sous les 'Hann, c'était le rempart de la frontière occidentale de l'Asie centrale. Aujourd'hui c'est celui de la contrée où se trouvent Kachgar, Yarkand, et de la région qui en est juste à l'ouest. Les deux rivières de Kachgar et de Yarkand y prennent leurs sources; le territoire qui se trouve compris entre ces deux rivières porte différents noms suivant les localités; autrefois on donnait le nom de Ts'onḡ linḡ à la contrée tout entière.

Extrait des Annales des 'Hann, Description de l'Asie centrale : «Les trente-six états de l'Asie centrale ont pour barrière à l'ouest les Ts'onḡ linḡ.

«Le fleuve (jaune) a deux sources : l'une se trouve dans les Ts'onḡ linḡ.

«La route méridionale traverse à l'ouest les Ts'onḡ linḡ et entre dans les pays des Grands Yué te (Gètes) et des Ann si (Parthes). La route septentrionale traverse également les Ts'onḡ linḡ à l'ouest, et entre dans les états de Ta ouann (Ferghana), de K'ang tçiu (Sogdiane) et d'Ann ts'aï (Alains)».

Extrait du Livre canonique des eaux : «Les Ts'onḡ linḡ ont mille li d'élévation.» On lit dans l'ouvrage intitulé *Si 'ho tçiéou 'ché* (ancienne histoire de la rivière de l'ouest) : «La chaîne des Ts'onḡ linḡ est à huit mille li à l'ouest de Tounn houanḡ. Elle est très élevée. Au sommet il y pousse des oignons, d'où le nom de Ts'onğ linğ, montagnes d'oignons qui lui a été donné. Le fleuve (jaune) y prend secrètement sa source : ses eaux, en en sortant, se divisent en deux branches.»

EXTRAIT DES ANNALES DES T'ANĞ, Description de l'Asie centrale : «Le nom vulgaire des Ts'onğ linğ est Tç'i y chann (Monts du doute extrême). Les Ts'onğ linğ enceignent le royaume de K'o pann t'o[1]. Durant les années K'aï yuann (713 à 742 de notre ère) on établit un Ts'onğ linğ chéou tsou ou gouverneur du Ts'onğ linğ qui fut chargé de veiller sur la frontière extrême d'Ann si.»

EXTRAIT DU SI YU TÇI DES T'ANĞ : «Les Ts'onğ linğ sont au sud, dans le continent de Chann pou[2]. Au sud ils touchent aux grandes montagnes de neige (Himâlaya); au nord ils s'étendent jusqu'aux mille sources de la mer

[1] On écrit 喝盤陀, mais on trouve aussi 朅盤陀 Tçié (Kié) pann t'o, transcription phonétique du nom sanscrit Khavandha. Cet ancien royaume était au sud-est du Sirikoul, là où se trouve aujourd'hui le territoire de Kartchou.

[2] Suivant la cosmogonie bouddhiste il y a quatre grands continents ou îles (chinois : 洲 tchéou; sanscrit : dwîpa) qui sont situés autour du Mont Mêrou ou Soumêrou, l'axe de l'univers. Ces quatre continents sont au sud du Mont Mêrou, le 贍部洲 *Chann pou tchéou* ou Djambou dwîpa (tibétain : Djambou gling; mongol : Djambou-dip); à l'est, le 佛婆提 *Fô p'o t'i* ou Pûrvavideha (ou Vidêha; tibétain : Tchar gii lous pag dwip; mongol : Dorona Oulam dsi beyetou dîp); au nord, le 鬱單越 *Yu tann yué* ou Outtarakourou (ou Kourou dwîpa; tibétain : Byang gyi sgra mi sñan; mongol : Môh dôhtou); enfin à l'ouest le 瞿陀尼 *Tçiu to ni* ou Gôdhanya (ou Aparagodâna). Tels sont les 四大洲 quatre grands continents, qui, suivant les bouddhistes, forment l'univers. Voyez Eitel, *Handbook for the student of chinese buddhism*, pp. 11, 36, 100, 158).

chaude[1]; à l'ouest jusqu'au royaume de ʿHouo[2]; à l'est jusqu'au royaume d'Outcha[3]. Ils ont plusieurs milliers de li d'étendue de l'est à l'ouest, du sud au nord; il y a des précipices et des défilés sur une étendue de plusieurs centaines de li; les vallées, sombres, sont très dangereuses.

Ils sont constamment couverts de glace et de frimas; le froid et le vent y sont extrêmement violents. Ces montagnes produisent beaucoup d'oignons, aussi leur a-t-on donné le nom de Tsʿonḡ linḡ, monts des oignons. Mais aussi comme les précipices de ces montagnes ont la couleur bleuâtre des tiges d'oignons, il se peut que leur nom vienne de là.»

Observations. Les Tsʿonḡ linḡ sont les plus considérables des montagnes renommées de l'Asie centrale. Comme on avait lu dans les Annales des Oueï que Yu tienn (Kʿoten) était au nord des Tsʿonḡ linḡ, on avait dans la suite indiqué les Nann chann (montagnes méridionales) comme étant les Tsʿonḡ linḡ. Mais nous lisons dans les Annales des ʿHann ce qui suit : «Il y a de hautes montagnes au sud et au nord de l'Asie centrale. A l'est ces montagnes touchent à l'empire des ʿHann (la Chine) : là les deux forteresses de Yu meunn et de

[1] 熱海 Jo ʿhaï, mer chaude, est l'un des noms donnés par les Chinois au lac Temourtou ou Issikoul.

[2] 活國 ʿHouo kouo (Ghûr ou Ghôri). Cet ancien état se trouvait dans les environs du moderne Khindjan (35° 41' latitude nord; 68° 59' longitude est).

[3] L'ancien royaume de 烏鎩 Ou tcha est identifié avec le Badakʿchan de nos jours.

Yang̃[1] les commandent. A l'ouest l'Asie centrale a pour limite les Ts'ong̃ ling̃.» Or les deux forteresses de Yu meunn et de Yang̃ sont situées juste à l'est de l'Asie centrale, vis-à-vis des Ts'ong̃ ling̃; il en résulte que les Ts'ong̃ ling̃ sont juste à l'ouest de ces forteresses.

Nous lisons de plus dans ces mêmes annales : «Le fleuve (jaune) a deux sources : l'une est dans les Ts'ong̃ ling̃, l'autre sur le territoire de Yu tienn (K'oten), au pied même des Nann chann (Montagnes méridionales); les eaux qui sortent de cette dernière source coulent vers le nord et se réunissent à celles qui descendent des Ts'ong̃ ling̃ : il n'y a plus dès lors qu'un seul cours d'eau qui va se jeter dans la mer de Pou tch'ang̃ (Pac lob)[2].»

Les Annales des 'Hann faisant allusion aux Nann chann (Montagnes méridionales), il est évident que les Ts'ong̃ ling̃ sont les Si chann (Montagnes de l'ouest). De même, en disant que le fleuve de Yu tienn (K'oten) coule vers le nord, il est évident que celui-ci qui descend des Ts'ong̃ ling̃ coule vers l'est, et cela prouve encore davantage que les Ts'ong̃ ling̃ sont à l'ouest. On peut appuyer cela de preuves tirées de l'orographie : on lit dans le commentaire du Livre canonique des eaux que le fleuve (jaune) prend secrètement sa source dans ces montagnes et se divise en deux branches. Or les deux rivières de Kachgar et de Yarkand prennent justement leur source dans les Si chann (Montagnes de l'ouest) et

[1] 玉門陽關 Yu meunn yang̃ kouann.
[2] 蒲昌海 Pou tchang̃ 'haï.

forment en effet deux branches. De plus on lit dans la préface de la Description de l'Asie centrale des Soueï le passage qui suit : «La route du centre passe par les états de Kao tch'ang̃ (ouïgours), de Yenn tçi (K'arachar), de Koueï tseu (Koutché) et de Sou lo (Kachgar), puis traverse les Ts'ong̃ ling̃, le pays de P'o hann (Ferghana) et arrive jusqu'à la mer de l'ouest (d'Aral). La route du sud passe par Chenn chann, Yu tienn (K'oten), Tchou tçiu po (Yenghi Hissar), Ko pann to (Kartchou), traverse les Ts'ong̃ ling̃, le pays de 'Hou mi et autres et aboutit également à la mer de l'ouest (d'Aral).» Cela s'accorde parfaitement avec les routes du sud et du nord qui traversent les Tsong̃ ling̃ dont il est fait mention dans les Annales des 'Hann; et c'est aussi une preuve évidente que les Si chann ou Montagnes de l'ouest sont les Ts'ong̃ ling̃.

Il est dit dans la Description générale de l'empire[1] que, du temps des 'Hann, on désignait sous le nom de Ts'ong̃ ling̃ les montagnes d'où sort la rivière K'aïdou qui coule à l'ouest de Tourfan; mais, après un examen approfondi nous trouvons que la rivière K'aïdou n'est autre chose que le K'aïdou koul qui coule au sud de K'arachar. Cette rivière n'a nul rapport avec les Ts'ong̃ ling̃ qui sont à l'ouest de Yarkand : rien de tel ne se trouve dans les Annales des 'Hann.

[1] Le 大清一統志 *Ta ts'ing̃ y t'ong tché* ou Description historique et géographique des états des Ts'ing ou Tartares mandchoux. Ouvrage très important, non seulement pour l'empire chinois, mais aussi pour ses états tributaires, qui est malheureusement assez rare et d'un prix coûteux.

Nous lisons dans le même ouvrage : «Du temps des ʻHann on désignait sous le nom de montagnes méridionales de Yu tienn (Kʻoten) le territoire d'où sort la rivière Tarim.» Cela n'a pas encore été examiné à fond : nous examinerons minutieusement la question au livre 28, Article sur le Yarkand usteng̃ ou rivière de Yarkand.

和什庫珠克達巴 KOCHIKOU TCHOUK DABA[1].

Le nom de Kochikou tchouk se prononçait autrefois Kouos koulouk. Cette montagne est située au milieu des Tsʻong̃ ling̃, à cent li à l'est d'Artchour; la base en est large et les pics fort élevés.

La vingt-quatrième année Tçʻienn long̃ (1759), le Tsann tsʻann Ta tchʻenn Ming̃ Joueï, duc de Y yang̃, battit en cet endroit un corps ennemi. On peut voir les détails de cette affaire au livre 17 de la Description des frontières.

EXTRAIT DES ANNALES DES Tʻ ANG̃, Description de l'Asie centrale : «En passant au sud-ouest de Soulo (Kachgar) on entre dans la vallée de Jenn mo, et l'on voit la montagne Pou jenn.»

OBSERVATIONS. Le Kachgar de nos jours est l'ancien Sou lo. En allant de Sou lo dans la direction du sud-ouest, on rencontre une suite de montagnes : le Koch-

[1] *Kʻochi*, mot ʻhoueï = à double pic ou cime; *Koutchouk* est expliqué par brancard. L'explication chinoise du nom de cette montagne est ainsi conçue : 兩峯之間路逕層折如之故名.

koutchouk daba est la plus élevée de toutes. Quant à la vallée de Jenn mo et à la montagne Pou jenn, elles devaient en être proches.

烏魯阿喇特達巴 OULOU ARAT DABA[1].

L'Oulou arat daba est à la frontière nord-ouest du Kachgar : c'est l'endroit où une chaîne de montagnes se détache des Ts'oñg liñg et se dirige vers le nord-est où elle forme la chaîne même des Monts célestes.

汗特勒克塔克 K'AN TEREK TAK[2].

Le K'an terek tak est à cent li environ à l'ouest de la ville d'Inggasar (Yenghi Hissar) : c'est une branche orientale des Ts'oñg liñg. Les Tolgi tak et Tsitok tak en dépendent. Les montagnes situées au sud d'Inggasar portent les noms d'Ouratsi tak, de Youl tak, de Tiao yel tak, d'Atsik tak; à l'ouest et au sud sont deux défilés par lesquels on pénètre dans le Badak'chan.

[1] *Oulou,* en 'houeï = grand (olou en turc): *arat* = 登降 monter et descendre.

[2] *K'an* = prince, roi; *terek* = peuplier.

克伯訥克達巴 KEBENEK DABA[1].

Le Kebenek daba est à cent li au-delà de la frontière occidentale du territoire de Kachgar. A cinquante li à l'est de cette montagne se trouve le K'ara tak[2].

齊齊克里克達巴 DSIDSIK LIK DABA[3].

Le Dsidsik lik daba est à cent li à l'est du K'ara tak. Il est au nord de la grande route.

特勒克達巴 TEREK DABA[4].

Le Terek daba est à cent li à l'est du Dsidsik lik daba. Il est au nord également de la grande route.

杭阿喇特達巴 K'ANG̃ ARAT DABA[5].

Le K'ang̃ arat daba est à cent li à l'est du Terek daba. Il est aussi au nord de la grande route. De plus, se dirigeant vers le sud-est, il touche aux diverses mon-

[1] *Kebenek*, en 'houeï = vêtements de feutre.

[2] La montagne noire.

[3] *Dsidsik*, en djongar = fleur.

[4] *Terek* = peuplier.

[5] *K'ang̃* est le nom d'un homme; *arat* signifie vieillard : la montagne du vieux K'ang̃.

tagnes situées sur la frontière méridionale du territoire de Yarkand.

Observations. Comme les Ts'ong̃ ling̃ s'étendent au loin, il est difficile de citer tous les noms des différents pics qu'ils renferment. Il en est ainsi pour toutes les montagnes qui se trouvent au-dessous du Kochkoutchouk daba : parmi les plus importantes de ces dernières sont les monts Kang̃ ti sseu qui s'étendent à l'ouest de La tsang̃, se dirigent vers le nord-est et forment une chaîne horizontale qui vient aboutir aux Ts'ong̃ ling̃. Les ramifications qui se dirigent vers le sud-est constituent les Nann chann ou Montagnes méridionales situées au sud de Yarkand et de K'oten. En allant vers le sud-est on trouve le Chatoutou daba, dont la chaîne est enclavée dans le désert de sables.

沙圖圖達巴 Chatoutou daba[1].

Le Chatoutou daba est au sud-est de K'oten. A partir des hameaux situés sur les montagnes de la frontière orientale du K'oten cette chaîne se dirige vers l'est, traverse le Yéchil nor, puis le désert de sables sur l'espace de six cents li. Les pics se succèdent sans interruption jusqu'à l'extrémité septentrionale du Chatoutou daba.

[1] *Chatou* est un mot djongar qui signifie échelle; *tou* est la terminaison adjective *qui a*, ou *il y a*. La montagne est si abrupte que l'on ne peut la gravir qu'à l'aide d'échelles.

碩勒圖郭勒塔克 CHOLTOU KOUL TAK[1].

Le Choltou koul tak est au milieu du désert de sables à trois cents li environ au nord-est du Chatoutou daba.

硇什達爾烏蘭達布遜塔克 NAO CHIDAR OULAN DABOUSOUN TAK[2].

Le Nao chidar oulan dabousoun tak est au milieu du désert de sables, à deux cent-cinquante li au sud-est du Choltou koul tak.

OBSERVATIONS. Depuis K'oten jusqu'ici, en allant dans la direction du sud-est, il y a environ sept cents li en ligne droite; jusqu'au bord méridional du Lob nor, où les chaînes situées dans le désert de sables, tournent de l'est au nord, il y a environ mille li. Le Nao chidar oulan dabousoun tak dépend des montagnes méridionales de la frontière sud d'Ann si fou.

[1] *Choltou*, en 'houeï = devant les yeux (眼前).

[2] Montagne du sel ammoniac rouge. *Naochidar* en 'houeï signifie sel ammoniac; on dit *nichādir* en turc.

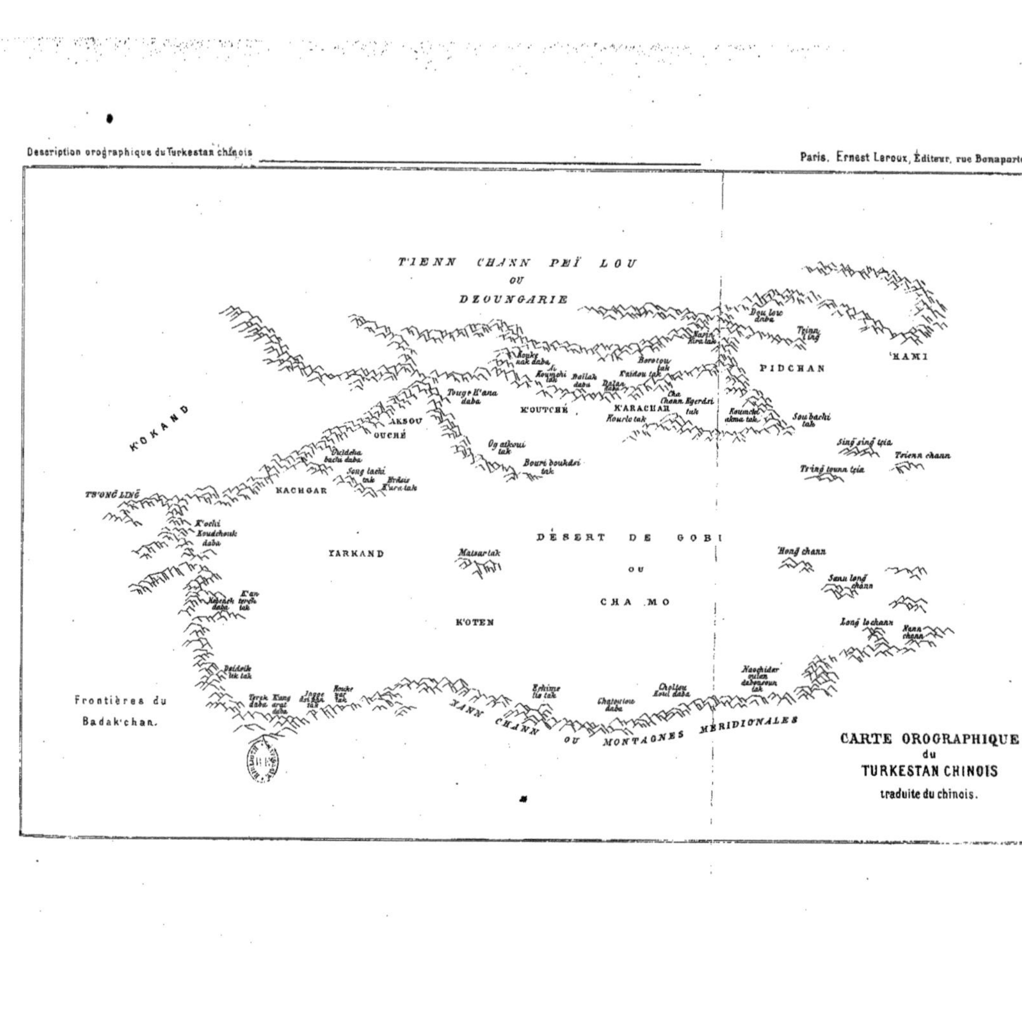
Description orographique du Turkestan chinois
Paris. Ernest Leroux, Éditeur, rue Bonaparte 28.
TIENN CHANN PEÏ LOU
OU
DZOUNGARIE
KOKAND
TS'ONG LING
AKSOU
OUCHÉ
KACHGAR
Touge K'ana daba
K'OUTCHÉ
K'ARACHAR
Kourle tak
Og atkoui tak
Bouri boukdsi tak
Song tachi tak
Kaidou tak
Borotou tak
Bailak daba
Dalan daba
Koumchi tak
Cha Chann
Egerdsi tak
Koumchi akma tak
Dou lou daba
Trinn ling
PIDCHAN
HAMI
Sou bachi tak
Sing sing tçia
Trienn chann
Tring tounn tçia
K'ochi Koudchouk daba
YARKAND
Matsar tak
DÉSERT DE GOBI
OU
CHA MO
K'OTEN
Hong chann
Sann long chann
Long to chann
Nann chann
Frontières du Badak'chan.
Terek daba
Kang arat daba
Erhime lia tak
Chatoutou daba
Choltou Koul daba
Naochider oulan dabousoun tak
NANN CHANN OU MONTAGNES MÉRIDIONALES
CARTE OROGRAPHIQUE
du
TURKESTAN CHINOIS
traduite du chinois.

NOTICES

GÉOGRAPHIQUES ET HISTORIQUES

SUR

LES PEUPLES DE L'ASIE CENTRALE

K'AZAKS, BOUROUTS, K'OKAND,
TACHKEND, BADAK'CHAN, BOLOR, BOK'ARA, AFGHANISTAN,
BABTI

TRADUITES DU SI YU T'OU TCHÉ

NOTICES

SUR LES

PEUPLES DE L'ASIE CENTRALE

TRADUITES DU SI YU T'OU TCHÉ[1]

NOTICE SUR LES K'AZAKS

I. HORDE DES K'AZAKS DE LA GAUCHE

Description générale.

Le territoire qu'occupe la horde des K'azaks de la gauche est limitrophe, au sud-est, de la Dzongarie; à l'ouest, de la horde des K'azaks de la droite; au nord, de la Russie. L'endroit où habite ordinairement la horde s'appelle Yéchil. Il est situé sur les bords de la rivière du même nom. Il se trouve à mille li de Tarbagataï qui en est à l'est, et à égale distance d'Ili qui en est au sud. Quatre mille cinq cents li environ le séparent de Tchenn si fou[2] qui en est situé au sud-est.

[1] Ces notices occupent les livres 44, 45 et 46 du *Si yu t'ou tché*, ouvrage sur lequel on peut voir la notice qui en a été donnée dans l'appendice II de notre *Histoire de l'Insurrection des Tounganes*. L'orthographe des noms mongols, turcs etc., que nous avons admise, est celle du dictionnaire *Si yu t'onḡ ouenn tché* (voyez notre *Description orographique du Turkestan*, page 71).

[2] 鎮西府 Tchenn si fou ou Barkoul.

8*

Cette horde s'appelle Otour yous[1]. Elle n'a ni villes ni cités; elle vit en nomade et se rend là où elle peut trouver de l'eau et des pâturages. Été comme hiver elle n'a point de résidence fixe. Elle l'emporte de beaucoup sur les autres hordes, et par la largeur de son territoire, et par le nombre de ses habitants.

A l'extrémité nord-ouest de sa frontière se trouve un arbre qui a cinq grosses branches : son ombre peut abriter cinq cents cavaliers. On le nomme Ohin kok djamoto : c'est l'objet le plus vénéré de toute l'Asie centrale[2].

Quant aux coutumes des habitants, elles diffèrent peu de celles des Dzongars; les productions de ce territoire sont à peu de chose près les mêmes que celles de la Dzongarie. Les caractères de l'écriture sont identiques à ceux des Dzongars, mais il y a quelque différence entre les langues que parlent les deux peuples. Le prince porte le titre de K'ann : sa famille est la plus importante et porte le nom de Sourtonḡ.

D'après la tradition, ce pays serait l'ancien Ta yuann[3];

[1] 鄂圖爾 O tou eul. 玉兹 *Yu sse* est la transcription de *djous* ou *yous* qui en kirghiz signifie horde.

[2] 西域 Si yu, contrées occidentales, est l'équivalent de notre dénomination *Asie centrale,* aussi emploierons-nous tantôt l'une, tantôt l'autre de ces appellations.

[3] 大宛 Tayuann. D'après le dictionnaire 正字通 *Tchenḡ tseu t'onḡ,* le caractère 宛 doit se prononcer *ouann,* mais le 康熙字典 *K'anḡ chi tseu tienn,* ou Dictionnaire de K'anḡ chi, qui fait autorité en Chine, donne à ce caractère, d'après trois autres recueils lexicographiques *(Yu pienn; tsi yunn; leï pienn)* la prononciation de *Yuann.* Ta yuann est identifié avec l'ancien Ferghana.

mais nous avons trouvé, après un examen approfondi, qu'il correspondait à l'ancien royaume de K'anḡ tçiu[1].

Histoire contemporaine.

Le K'ann de cette horde, Ablaï, avait autrefois profité de la révolte de Daouadji[2] pour venir infester à plusieurs reprises la Dzongarie. Quand cette révolte eût été étouffée, l'empereur Tç'ienn lonḡ, le deuxième mois de la vingtième année de son règne (Mars 1754)[3], ordonna à un ambassadeur de se rendre auprès d'Ablaï pour porter à celui-ci un décret.

Ablaï répondit ce qui suit à Chounn to na et à Ta yonḡ a, officiers de la garde impériale, envoyés comme ambassadeurs:

«Lorsqu'autrefois j'ai appris le couronnement de l'empereur de la Chine, je n'ai pu envoyer tribut à sa cour, séparé, comme je l'étais, de sa capitale par de nombreuses montagnes et rivières. Voici qu'à présent sa puissance auguste, s'étendant au loin, a balayé l'Ili et fait prospérer de nouveau la secte jaune[4] : de telle sorte

[1] 康居 K'ang tçiu est la Sogdiane.

[2] Daouadji, chef Éleute, eut en 1753 une querelle sanglante avec un autre chef de la même nation, Amoursana. Ce dernier, grâce au secours des armes chinoises, finit par triompher, mais, peu après, mécontent du peu d'autorité que les généraux chinois lui laissaient, il leva lui-même l'étendard de la révolte (1755). Cette rébellion ne fut réprimée que quelques années plus tard par les deux célèbres capitains Tchao 'Houeï et Fou To.

[3] L'empereur 乾隆 Tç'ienn lonḡ monta sur le trône en 1736 : il régna jusqu'en 1796, époque à laquelle il abdiqua en faveur de son fils 嘉慶 Tçia T'çinḡ.

[4] La rivalité qui divise les deux principales sectes du lamaïsme, la secte jaune 黃教 'Houanḡ tçiao, en tibétain *d*Gah-ldan-pa et la secte rouge

que tous pourront désormais vivre en bonne harmonie avec les Dzongars. C'est en vérité une félicité sans bornes. Je me soumettrai sincèrement à tous les ordres de l'empereur.»

Chounn to na et son collègue revinrent à Ili avec Borboubaï, l'ambassadeur d'Ablaï. Pendant ce temps Amoursana avait levé l'étendard de la révolte dans l'Ili, mais, battu, il dut chercher un refuge l'année suivante chez les K'azaks. Ablaï l'ayant reçu, l'empereur ordonna aux maréchaux Tartanga et K'atak'a de pénétrer avec leurs troupes sur son territoire, le premier par la route de l'ouest, le second par celle du nord.

Lors de l'arrivée d'Amoursana chez les K'azaks, un Naïman Otok[1], Nalabat', voulut s'opposer à son passage et tenter de s'emparer de ce rebelle, mais il ne put y réussir; il mit toutefois sa troupe en pièces, à tel point qu'Amoursana ne put s'enfuir qu'avec trois cavaliers. Il se réfugia auprès d'Ablaï. Les officiers de ce dernier voulaient que l'on s'en emparât et qu'on le livrât au gouvernement chinois, mais Ablaï s'y opposa. Il envoya même K'odzi Borken avec des troupes suivre Amour-

紅教 'Hong tçiao, en tibétain *h*Broug pa, n'existe pas seulement parmi les bouddhistes tibétains, mais encore parmi les Mongols, également bouddhistes. La secte jaune fut fondée au XVe siècle par le célèbre réformateur Ts'ong K'apa qui prêcha la nécessité de revenir à la religion pure et simple de Çakyamouni et fit prendre à ses adhérents un costume jaune pour les distinguer des partisans de la secte rouge, qui recouraient à des principes magiques, et s'éloignaient de la doctrine du Tathagâta. (Cf. Köppen, *Die lamaïsche Hierarchie und Kirche,* Berlin 1859; Schlagintweit, *Tibetan Buddhism*, passim.)

[1] Chef de tribu.

sana qui s'était dirigé sur Noula; lui-même, à la tête de mille cavaliers, se mit en marche vers l'ouest et réunit ses troupes à celles de son lieutenant au pied de la montagne Kaok'asalak, où il s'établit pour attendre notre armée.

Durant le septième mois (août), les troupes du maréchal Tartanga arrivèrent à Yarla où elles rencontrèrent l'avant-garde de K'odzi Borken, forte d'environ deux mille hommes. Les K'azaks, qui avaient établi une embuscade derrière une colline, simulèrent de fuir, espérant attirer nos troupes à leur poursuite : les nôtres gravirent la colline et découvrirent l'embuscade préparée derrière. Ils se formèrent alors en pelotons serrés et firent ensuite des signaux de feu : puis ils élevèrent des retranchements et formèrent un camp dont les ennemis n'osèrent pas s'approcher.

Une fois la nuit passée, Ourteng̃ fut envoyé avec de la cavalerie légère pour enflammer le courage des troupes: Ali'hong̃, Oché, K'aninga, Ming̃ joueï[1], formèrent les deux ailes de l'armée; le maréchal Tartanga et le sous-maréchal Tchalafeunga, qui tenait l'étendard du généralissime, étaient au centre. L'armée entière s'ébranla: Tsinou'houn, Match'ang̃, T'otongo, Ortenga, à la tête de leurs clans respectifs, la suivirent. Les ennemis ne résistèrent pas au premier choc, et prirent la fuite dans toutes les directions, sans se soucier les uns des autres;

[1] Le général Ming̃ joueï a eu son nom mêlé aux différentes guerres faites sous Tç'ienn long̃ : il périt dans une campagne contre les Birmans en 1767. (Voyez notre *Histoire de la conquête de la Birmanie par les Chinois sous le règne de Tç'ienn long̃*, Paris 1878.)

on trancha la tête à cinq cent soixante-dix des leurs environ, le reste put échapper par la fuite. Nos troupes profitèrent de la victoire pour entrer dans Noula où elles firent prisonnier Tchoulouk.

K'odzi Borken et Amoursana s'étaient dirigés vers l'ouest avec une troupe de deux mille cavaliers. Poursuivis de près par les nôtres, ils ne purent éviter le combat qui fut long et sanglant; ils y perdirent leur étendard et leurs canons; trois cent quarante des leurs furent décapités. Amoursana put s'échapper à la faveur d'un déguisement. Chounn to na, qui, lors de son retour de l'ambassade dont il avait été chargé près d'Ablaï avait adressé un premier rapport à l'empereur, en adressa à ce moment un nouveau, relatant ce qui s'était passé. L'empereur lui ordonna de nouveau de se rendre auprès d'Ablaï pour porter ses ordres à ce dernier.

Pendant le septième mois (août) Chounn to na arriva à Bork'ardjoun, mais, arrêté dans sa marche par les K'azaks, il ne put aller plus loin; il se rendit alors au camp du maréchal K'atak'a. Celui-ci envoya le Djanak[1] Sandoubou avec ses troupes contre les corps K'azaks. Sandoubou battit les troupes d'Ablaï au pied de la montagne Kaok'asalak où elles s'étaient établies, et trancha la tête à une centaine d'ennemis. Des chevaux et des provisions de toutes sortes tombèrent entre ses mains en grande quantité. Ablaï s'enfuit, poursuivi de près par les nôtres qui lui tuèrent encore une centaine d'hommes,

[1] Mot mongol qui signifie chef et viendrait du verbe *djasak'o*, commander, gouverner.

lui prirent deux cents chevaux et cent fusils, et firent prisonnier Djaohach : ainsi trois batailles furent autant de victoires.

L'armée arriva à Ichil : de sorte que les deux armées de Tartanga et de K'atak'a se trouvèrent réunies. Les deux K'azaks Loutchouk et Djaohach, qui avaient été faits prisonniers, eurent une entrevue avec les maréchaux et leur remirent une lettre d'Ablaï dans laquelle ce dernier manifestait le désir de faire sa soumission. Les maréchaux ordonnèrent de les mettre en liberté et les chargèrent de porter à Ablaï une lettre ainsi conçue:

«L'empereur nous a ordonné de détruire les rebelles: puisque vous avez suivi les rebelles, vous devriez donc mourir; mais si cependant il vous est possible de vous emparer d'Amoursana et de nous le livrer, vous pourrez compter parmi ses sujets.»

Ablaï sut qu'il avait été trompé par Amoursana : il voulut s'en emparer pour nous le livrer, et faire sa soumission complète, mais ses projets furent divulgués trop tôt : Amoursana vola une dizaine de chevaux k'azaks et s'enfuit de nouveau dans la Dzongarie.

Durant la vingt-deuxième année (1757), lorsque le maréchal Tchao 'Houeï et le ts'ann tsann Fou To[1] firent une nouvelle campagne dans l'ouest, Amoursana s'enfuit de nouveau chez les K'azaks.

Le sixième mois (juillet) de la même année, Ablaï

[1] C'est au général Tchao 'Houeï et à son lieutenant Fou To que l'on doit la soumission de la Dzongarie et du Turkestan. *Ts'ann tsann* signifie *secrétaire*.

s'avança à la tête de trente mille hommes pour aider à s'emparer d'Amoursana : il envoya son frère cadet Aboul bis en avant-garde. Lorsqu'il rencontra nos troupes, il fit présent au maréchal et au ts'ann tsann d'un cheval à chacun et remit en même temps au maréchal une lettre dans laquelle il reconnaissait ses fautes et désirait vivre désormais sous les lois de la Chine. Tchao 'Houeï dépêcha un de ses officiers pour lui rendre réponse. Ablaï envoya un des chefs K'azaks, K'endzikor, offrir en présent quatre beaux chevaux, et prier le maréchal de vouloir bien accepter sa soumission. Il disait dans sa lettre:

«Depuis mes aïeux Ochem et Yanghir jusqu'à présent notre pays n'a pu recevoir la civilisation chinoise. Ce n'est qu'à présent que nous recevons les ordres de l'empereur qui daigne répandre ses bienfaits sur nos hordes habitant l'extrémité des frontières de son empire; moi et mes sujets ne savent comment en témoigner leur joie et leur allégresse. Nous n'avons plus d'admiration que pour la vertu de l'empereur. Moi, Ablaï, et tous les K'azaks qui composent ma horde, désirons ardemment recevoir la civilisation chinoise et être à jamais les sujets de l'empire du Milieu.»

L'empereur, auquel un rapport circonstancié fut adressé, enjoignit d'accepter la soumission d'Ablaï et de sa horde. A l'automne, Ablaï envoya un ambassadeur présenter ses hommages à l'empereur dans sa villa de Pi chou chann[1]. Cet ambassadeur eut l'honneur d'être invité à

[1] Pi chou chann tchouang, villa où l'on se retire pour se soustraire aux chaleurs de l'été, est le nom du palais impérial de Jéhol.

un festin dans le jardin de Ouann chou[1] où il vit des feux d'artifices et des illuminations de toutes sortes.

S'étant soumis à nous, Ablaï voulut nous aider à nous emparer d'Amoursana : il dit à Chounn to na qu'il rencontra en route : «Moi et les K'azaks avons offensé l'empereur à cause d'Amoursana; mais nous nous reposons respectueusement sur son immense bonté et nous espérons n'être pas repoussés et devenir ses plus fidèles sujets. Nous désirons nous emparer d'Amoursana pour vous le livrer, peut-être pourrons-nous ainsi racheter nos fautes? Nous n'avons pas d'autre intention. Quant à Amoursana qui va chercher du secours chez les nations étrangères, c'est un malheureux : pourra-t-il continuer encore à vivre si réellement il y a une providence?» Ablaï donna en outre à Chounn to na une lettre (passe-port) écrite en caractères Totoutchouk, pour que notre armée pût parcourir sans entraves le territoire des hordes k'azaks.

Ce même mois Ablaï voulut s'emparer d'Amoursana à Artchadou, mais son projet ne réussit pas : Amoursana s'enfuit en Russie. Ablaï put cependant faire prisonniers deux chefs k'azaks qui avaient suivi le rebelle dans sa fuite, Oboudzi et Dzibak'an : il les livra à nos troupes. K'odzi Borken qui, lors de l'affaire de Noula, la vingt et unième année (1756), avait combattu nos troupes, et à cause de cela même avait pris la fuite, apprenant la soumission d'Ablaï, se concerta avec un autre chef de horde, K'ara barat', et, à la tête de trente mille familles qui leur obéissaient à tous deux, vint à l'armée : «Nous

[1] Les dix mille arbres.

ne savons ni lire ni écrire, dit-il, aussi venons-nous en personne faire notre soumission.»

Le maréchal Tchao ʿHoueï fit ouvrir sa tente, ordonna à Kʿodzi Borken de s'asseoir la face tournée vers l'orient, tandis que lui-même s'asseyait le visage tourné vers l'occident. Il fit dresser des tables où l'on plaça des animaux entiers prêts à être mangés; Kʿodzi Borken, suivant la coutume de ses compatriotes, ne commença le repas qu'après avoir invoqué ses fétiches. «Puisque je suis maintenant sujet de l'empereur, dit-il, est-ce que j'oserais trouver un prétexte pour ne pas manger?»

Une fois que le repas eut été terminé, on mena le chef kʿazak voir les soldats s'exercer au tir de l'arc; il fut très effrayé quand il vit toutes les flèches qu'on lançait atteindre le but. Lorsqu'il fut sur le point de prendre congé, il s'engagea à nous aider à prendre Amoursana et il fit les neuf prosternations. Toute la horde de gauche fut ainsi soumise par nos armes.

Le cinquième mois de la vingt-troisième année (juin 1758), le chef de la horde kʿazak de Baïdzikot, Baïbourak, surnommé le brave, fit prisonnier le rebelle Boukdjakʿan; durant le sixième mois (juillet) le Kʿazak Kʿardzin s'empara de l'Éleute Kʿochdzi. Ces deux rebelles furent livrés à l'armée chinoise, chargés de chaînes et conduits à la capitale (Peking̃).

La vingt-quatrième année (1759) Ablaï envoya à la cour Oros Sourtong̃, fils de son frère aîné, et le chef Bekena. L'empereur les invita tous deux à un festin et leur permit d'assister à un examen d'archers qu'il passa dans le jardin où l'on fait d'ordinaire ces exercices.

La vingt-cinquième année (1760)[1] Ablaï envoya de nouveau un ambassadeur à la cour : celui-ci fut invité aux repas impériaux et eut la permission de visiter les jardins du palais. Un décret de l'empereur, rendu à cette occasion, ordonna à Ablaï de gouverner plus sévèrement sa horde et d'empêcher ses K'azaks de franchir la frontière pour venir chercher des pâturages.

Un décret de l'empereur, rendu le premier mois de la vingt-sixième année (février 1761), accorda leur pardon aux chefs k'azaks Batouk et Batour qui avaient infesté Vou léang haï[2]. Ces derniers accompagnèrent un ambassadeur d'Ablaï qui vint à la cour pendant le sixième mois (juillet). Des officiers de la garde impériale furent envoyés à Ouliyasoutaï pour défendre aux K'azaks d'y faire le commerce.

Pendant le deuxième mois de la vingt-septième année (mars 1762) le chef k'azak Aboulmambit envoya un ambassadeur. Comme l'empereur était allé à cette époque faire un voyage dans le sud, ceux-ci furent reçus au

[1] Il y a dans le texte 十五 quinze : il faut évidemment lire 二十五 vingt-cinq. Le caractère 二 a été omis dans l'impression.

[2] 烏梁海 Vou léang 'haï, ou 唐努烏梁海 T'ang nou Vou léang 'haï, est un district dépendant de 烏里雅蘇台 Vou liya sou taï habité par les tribus Ouriankaï et les Tourgout des monts T'ang nou ; ce territoire est situé au nord de la tribu de Saïn Noïn, au nord-est du Kobdo. Vou li ya sou taï (Ouliyasoutaï) est dans le K'anat de Saïn Noïn, au nord-ouest de la Sélenga. Le Tsiang tçiunn ou gouverneur militaire qui y réside a le titre spécial de 定邊左副將軍 Ting pienn tso fou tsiang tçiunn ou gouverneur des frontières.

palais temporaire de Yanğ tchéou[1]. L'empereur leur fit présent de chapeaux et de vêtements, et récompensa le K'azak K'aradoulouch qui avait ramené des Éleutes.

Le ts'ann tsann Akoueï[2] avait fait prisonniers des K'azaks qui avaient franchi la frontière pour chercher des pâturages : il reçut l'ordre de leur pardonner et de les mettre en liberté. Au cinquième mois (juin) fut abolie la prohibition faite aux K'azaks de commercer à Ouliyasoutaï, mais la contrebande demeura prohibée. Dans le courant du septième mois (août), l'empereur reçut aux chasses de Moulan un ambassadeur d'Ablaï qui était venu lui présenter les hommages de ce dernier, et lui fit donner un chapeau et des vêtements. Ou mor, officier qui accompagnait cet ambassadeur, reçut le titre d'officier de la garde impériale de la Porte de Tç'ienn ts'inğ : il lui fut enjoint d'aller s'établir en attendant à Ili avec sa famille.

Durant le troisième mois de la vingt-neuvième année (avril 1764) Aboulmambit envoya un ambassadeur à la cour. L'empereur lui fit présent d'un chapeau et de vêtements. La trente-quatrième année, au mois de janvier

[1] 揚州 Yanğ tchéou, alors ville du Tçianğ nann. 行在 *Ching tsaï*, palais temporaire, est le nom donné à toute résidence où l'empereur s'arrête durant ses voyages.

[2] Akoueï a été le héros d'une sanglante campagne exécutée sous Tç'ienn lonğ contre les aborigènes Miao tseu. Il en a publié en 1781 le récit sous le titre de 欽定平定兩金川方略 *Tç'inn tinğ p'inğ tinğ léanğ tçinn tch'ouann fanğ lio*, Stratagèmes employés dans la guerre contre les deux Tç'inn tch'ouann (principautés Miao tseu), ouvrage publié par ordre impérial.

(février 1769), Aboul bis envoya à la cour son fils Djordzi. Dans le courant du troisième mois (avril) Ablaï envoya son fils Ouali Sourtong.

Au mois de janvier de la trente-huitième année (février 1773) le K'azak Borot succéda à son père Aboulmambit comme prince et envoya un ambassadeur. A la même époque le fils d'Ablaï, Djordzi, vint également à la cour. Au mois de janvier de la quarante-unième année (février 1776), Ablaï envoya un ambassadeur qui fut reçu et invité aux repas impériaux suivant les rites.

Description physique.

Les K'azaks ont établi leur principal campement à Yéchils où se trouve la ville de K'osteng̃. Ce territoire s'étend du 46° 20′ latitude nord, au 48°; il s'étend du 32° longitude ouest de la capitale (Peking̃), au 37°. Il est au nord de la Dzongarie. De l'est à l'ouest il a mille li, et du sud au nord six cents.

De tous côtés ce pays est environné de montagnes dont les chaînes vont de l'ouest à l'est. Les montagnes de sa frontière méridionale sont, en se dirigeant vers l'est:

le 喀 拉 巴 克 喀 爾 海 鄂 拉 K'ara Barkk'ar-k'ai ola;

le 喀 爾 克 圖 哈 薩 拉 克 K'arketou k'assalak;

le 扎 拉 圖 哈 薩 拉 克 Djaratou K'assalak;

le 勒 克 楞 Lekleng̃.

Au-delà de cette montagne sont les limites de Dzir situé sur la frontière de la Dzongarie.

En continuant vers l'est on trouve:

le 鄂綽泌吉斯 Odjo Tsinghiz;

le 阿爾津沙拉什保台 Ardsin Characheptoï.

Au nord-ouest est le 阿爾輝西里 Ark'oun Siri.

On trouve les limites d'Emir sur la frontière de la Dzongarie.

Si, partant du K'ara Barkk'ark'aï, on se dirige vers le nord-ouest, puis si l'on tourne à l'est, on rencontre le 厄勒伊們鄂拉 Eleimen ola où est située la source de l'Yéchil koul.

Au nord se trouvent le 尼雅克圖 Niyakdou, puis à l'est le 尼滿哈濟蘭 Nimonk'adzilan; au nord-est est situé le 喀爾瑪奇爾哈 K'armagirk'a, puis à l'est le 巴顏 Bayan et le 蒿哈薩拉克 Kao K'assalak où le maréchal K'atak'a battit Ablaï.

Au sud-est sont le 阿巴拉爾 Abalar et Tarbagataï où la chaîne s'arrête.

Parmi tous les rivières qui prennent leur source dans ces diverses montagnes, les plus importantes sont:

le 綽多爾圖郭勒 Djotortou koul, qui sort de la montagne K'ara Barkk'ark'aï; à l'est le 克巴什博爾濟爾 K'obachi Bortsir, puis le 哈薩拉克布拉克 K'assalak boulak, le 博爾喀得克 Bor Kadok, le 額特倫 Eteloun.

Au nord-est se trouve le 什納噶 Chénaga dont les sources nombreuses sont comme autant d'étoiles; puis à l'est le 奎蘇 K'oueï sou, le 阿爾齊圖 Ardzitou, le 青吉斯 Ts'ing kis; au nord le 阿林 Arin.

A l'est de ce dernier cours d'eau est le 阿濟蘇 Adzisou, puis à l'ouest le 烏爾圖 Ourdou, le 色爾榕 Chorta, le 罕拉海圖 K'anlak'aïtou, le 三察爾 Santchar, et le 楚庫魯克 Djoukoulouk : une fois que l'on a traversé les montagnes, on trouve au sud-est les frontières du territoire de Tarbagataï.

La rivière qui est sur la frontière nord-ouest du territoire occupé par la horde des K'azaks de droite est le Yéchil. Le long de cette rivière, sur un espace de deux cents li dans la direction du nord-ouest se trouve le Gispolan (campement?) de printemps. Comme la température y est froide, le k'an y habite constamment durant les chaleurs de l'été. A partir de cet endroit le sol devient de plus en plus plat dans la direction de l'ouest : ce n'est qu'en deçà des frontières du territoire des K'azaks de gauche qu'il recommence à s'élever peu à peu et à former des collines.

Si l'on fait deux mille li dans la direction du nord-ouest on rencontre le 伊底克鄂拉 Itik ola qui se trouve à l'extrémité sud-est du bassin du Talas koul : c'est par là que l'on entre sur le territoire occupé par la horde des K'azaks de droite[1].

[1] Après la section relative à l'histoire contemporaine les auteurs du *Si you t'ou tché* placent d'ordinaire des poésies faites par l'empereur, ou du moins à lui attribuées; comme ces poésies ne fournissent aucun détail nouveau et qu'elles paraîtraient déplacées à nos yeux au milieu d'une description géographique, nous les avons toutes supprimées.

Observations.

Sous les ʿHann le territoire des Kʿazaks fit partie du Si yu (Asie centrale). Les différents peuples dont parlent le *Ché tçi* et les Annales des ʿHann, tels que les Chionḡ nou (Huns) qui se trouvaient au nord, les Si nann y (barbares du sud-ouest) qui étaient au sud-ouest et les différents états du Si yu qui étaient situés à l'ouest, étaient excessivement éloignés.

Selon la tradition le territoire des hordes kʿazaks aurait été le royaume de Ta yuann de l'antiquité. Or nous voyons dans le *Ché tci* que le royaume de Ta yuann avait des villes et des cités, ce qui s'accorde parfaitement avec la région actuelle où se trouvent Yarkand, Kachgar et Tourfan, et non pas avec le territoire des Kʿazaks, qui, tout en étant sectateurs de Mahomet, n'en sont pas moins un peuple nomade; en cela ils ressemblent tout à fait aux Bourouts[1].

Le même ouvrage dit ensuite que le pays de Ta yuann produit du trèfle, des vignes et de magnifiques chevaux[2].

[1] Les Bourouts, peuple nomade sur lequel le *Si yu tʿou tché* donne une notice dont on trouvera plus loin la traduction, sont les Kʿara Kirghiz ou Kirghiz noirs, que l'on appelle aussi Kirghiz sauvages. Remarquons en passant que le nom de Kirghiz-Kʿazaks a été donné, mais à tort, aux Kʿazaks.

[2] Le 苜蓿 Mou siu est une espèce de trèfle : le *Medicago sativa* selon Wells Williams; le fumeterre *(fumaria)* selon Perny. La vigne, au dire des Chinois, n'est pas originaire de l'empire du Milieu : elle a été importée du Ferghana, par le célèbre 張騫 Tchʿang Tçʿienn, ministre de Vou ti, de la dynastie des ʿHann (IIe siècle av. J.-Ch.) qui fut envoyé en ambassade chez les 月氏 Yué ti ou Gètes, fait prisonnier et retenu de longues années par les Chionḡ nou (Huns). L'ouvrage intitulé 漢武

Or, non-seulement le pays des Kʿazaks produit de magnifiques chevaux, comme le pays de Ta yuann, mais encore quel est l'endroit des territoires des hordes du nord-ouest qui n'en produit pas? A l'époque des ʿHann les royaumes de Ta yuann (Ferghana), des Ou sounn[3], de K'ang tçiu (Sogdiane), de Ann tsʿaï (Alains), des Yué ti (Gètes) et de Yu tienn (Kʿoten), formaient le Si yu ou Asie centrale, mais parmi tous les royaumes

舊事 *ʿHann Vou tsiéou ché* dit à ce sujet : «Le pays de Ta yuann produit des vignes. L'envoyé des ʿHann (Tchang̃ Tçʿienn) en obtint des graines et les planta à son retour : puis il fit une liqueur avec les fruits. Cette liqueur avait un goût excessivement doux.» Le même fait se trouve rapporté dans nombre d'ouvrages historiques et botaniques. Les vignes du Ferghana furent de tout temps estimées. Nous lisons dans le *Ché tçi* de Sseu-ma Tçʿienn : 大宛以蒲萄爲酒富人藏酒至萬餘石久者十歲不敗 «Les habitants du pays de Ta yuann font du vin avec du raisin; les gens riches conservent dans leurs caves jusqu'à dix mille tann (boisseaux) de ce vin qui est encore bon au bout de dix années.» Le fait de faire du vin (en prenant ce mot dans le sens général de *liqueur produite par la fermentation*) avec du raisin est noté par l'historien chinois, car alors, de même qu'aujourd'hui encore où ils ont du raisin, les Chinois ne faisaient leur vin qu'avec du riz ou du millet distillé.

Le nom donné à la vigne et au raisin par les Chinois est 葡萄 *Pʿou tʿao*, qui, au dire de la grande encyclopédie agricole *Chéou ché tʿong̃ kʿao*, s'écrivait autrefois 蒲桃 et 蒲陶 (livre 63). Mais ce n'est pas là le seul nom donné au raisin : nous noterons les suivants parce qu'ils ne se trouvent pas dans les dictionnaires chinois-européens : 馬乳 *Ma jou*, (litt. lait de jument), et 黑水晶 *ʿHeï Choueï tsing̃* (cristal noir), donnés tous deux dans le dictionnaire *Tcheng̃ tseu tʿong̃*. L'encyclopédie japonaise, livre 90, section des 果 fruits, nous fournit les noms suivants : le raisin rond s'appelle 草龍珠 *Tsʿao long̃ tchou;* le long 馬乳葡萄 *Ma jou pʿou tʿao;* le blanc 水晶葡萄 *Choueï tsing̃ pʿou tʿao*, et le noir 紫葡萄 *Tseu pʿou tʿao*.

[1] Les Ou sounn habitaient au nord des Monts célestes, dans la Dzongarie actuelle.

c'était celui de Ta yuann qui l'emportait de beaucoup sur les autres par sa puissance et par sa richesse. A cette même époque les K'azaks devaient être l'un de ces états secondaires.

Le *Ché tçi* dit encore qu'au nord-est du pays de Ta yuann était le royaume des Ousounn et qu'au nord-est de Tourfan était le pays des Éleutes. Ce mot *ousounn* est mongol et signifie *eau* en cette langue. Les Éleutes sont nomades et vont là où ils peuvent trouver des pâturages pour leurs troupeaux; c'est ce que dit le *Ché tçi* : «Ils suivent leurs troupeaux. Ils ont les mêmes mœurs que les Chiong̃ nou (Huns)». Or les K'azaks de nos jours sont au nord des Éleutes : ce n'est donc pas le même peuple. Il est dit dans le *Ché tçi* qu'à l'est du Ta yuann sont les royaumes de Kann mi et de Yu tienn (K'oten): la prononciation du nom *kann mi* diffère peu de celle de 'Hami. Ce nom de 扜罙 Kann mi est écrit 扜彌 Kann mi dans les Annales des 'Hann : on l'y trouve aussi sous la forme 抱彌 Tçiu mi; le *Ché tçi* étant de beaucoup antérieur aux Annales des 'Hann, l'erreur contenue dans ce dernier ouvrage doit provenir d'une faute d'impression qui n'a pas été corrigée et elle a continué à se transmettre successivement. Quant à l'erreur d'avoir écrit *Tçiu mi*, elle est encore bien plus grande.

De plus il y a peu de différence entre le son de 于寘 et celui de 于闐 : mais l'une de ces deux manières d'écrire ce nom est évidemment une erreur. On ne peut rien affirmer au sujet de 于寘. Quant au pays de Yu tienn, il produit du jade; voilà ce que la tradition a rapporté sous toutes les dynasties. Le pays de ʻHo tienn (Kʻoten) de nos jours a des rivières dans la plupart desquelles on trouve du jade magnifique; ce doit être l'ancien Yu tienn. D'après cela il est évident que le pays de Ta yuann ne peut être le territoire qu'occupent les Kʻazaks.

Il y en a d'autres qui ont considéré ʻHami comme l'ancien Y vou et ont donné comme preuves de cette assertion l'établissement de colonies militaires et la création de divisions administratives qui y furent faites sous les différentes dynasties; comment donc ignoraient-ils que c'étaient les ʻHann qui avaient conquis Y vou, qui y avaient établi des colonies et mis des garnisons, et que Kann mi devait se trouver plus à l'ouest, plus près de Yu tienn (Kʻoten)?

A cette époque éloignée, les ʻHann et les étrangers ne parlaient pas la même langue et ne se comprenaient que difficilement : aussi les écrivains n'ont-ils pu éviter de commettre des erreurs dans leurs ouvrages. Aujourd'hui au contraire les officiers, aussi bien que les magistrats, parcourent en tous sens le Si yu, absolument comme s'ils voyageaient dans l'intérieur de la Chine. Aussi pouvons nous établir d'une façon certaine les différences, de quelque nature qu'elles soient, qui existent entre les anciens royaumes dont parle le *Ché tçi*, tels que le Ta yuann, les Ou sounn, le Kʻang̃ tçiu, l'Ann tsʻaï, les Yué ti, le Kann mi, le Yu tienn et les pays actuels des Éleutes, des Kʻazaks, des Bourouts, de

Yarkand, de Kachgar, lesquelles nous examinerons plus loin.

Quant aux royaumes qui, suivant les récits publiés sous les différentes dynasties, pouvaient mettre sous les armes des centaines d'hommes, ils n'étaient certainement pas plus considérables que les petits territoires actuels de Saïrim et d'Aksou, situés au milieu des tribus mahométanes et qui sont gouvernés par vingt-et-un Angi (chefs). On appelait alors *royaume* tout territoire que gouvernait un seul chef.

Nous pouvons donc établir que les «trente-six royaumes du Si yu» dont parlent les Annales des ʻHann devaient comprendre les territoires occupés de nos jours par les Dzongars, les Kʻazaks et les tribus mahométanes. Si l'on s'appuie sur le *Ché tçi* et les Annales des ʻHann pour prouver quoi que ce soit, il faut remarquer que ni Sseu-ma Tçienn ni Pann Kou n'ont eux-mêmes été dans les régions qu'ils ont décrites, et que, lors bien même qu'ils y auraient été, ils n'auraient pu comprendre la langue des habitants, différente de la leur, et que par suite des erreurs n'ont pu manquer de se glisser dans leurs ouvrages.

Le pays habité par les Kʻazaks produit d'excellents chevaux, aussi serait-il, suivant la tradition, le Ta yuann de l'antiquité. Mais, après avoir lu la préface du poëme composé par l'empereur au sujet de la faveur accordée à un envoyé des Kʻazaks de prendre part aux chasses impériales, et après avoir étudié la question avec le soin le plus scrupuleux, nous trouvons que la contrée des K'azaks ne peut pas avoir été le Ta yuann.

Après avoir examiné attentivement les Instructions impériales, scruté les annales et les documents historiques, nous appuyant de plus sur la situation respective de ces deux états et nous basant sur les mœurs et les coutumes, nous sommes sûrs que le pays actuellement habité par les K'azaks a porté, sous les 'Hann, le nom de K'ang̃ tçiu, et sous les T'ang celui de Tçié ka sseu. Nous avons tiré des Annales des extraits que nous plaçons ici.

Extraits des Annales sur le pays des K'azaks.

I. Extrait du Ché tçi, Description du Ta yuann. Le royaume de K'ang̃ tçiu est à deux mille li environ de celui de Ta yuann; la population est nomade. Quatre-vingts ou quatre-vingt-dix mille hommes sont en état de porter les armes. Ce pays est voisin du Ta yuann; il est petit. Au sud, il est sujet des Yué ti (Gètes), à l'ouest, des Chiong̃ nou (Huns).

II. Extrait des Annales des 'Hann, Description du Si yu (Asie centrale). Le souverain du royaume de K'ang̃ tçiu réside en hiver sur le territoire de Yo yué t'o, dans la ville de Tao pi tchenn.

Cet état est à deux mille trois cents li de Tch'ang̃ ann[1]; il ne dépend pas du gouvernement général du

[1] Capitale du royaume des 'Hann.

Si yu. On met sept jours pour se rendre à cheval au territoire de Yo yué t'o. Jusqu'à la résidence d'été du roi il y a neuf mille cent quatre li.

Le K'anḡ tçiu est à cinq mille cinq cent cinquante li de la résidence du gouverneur général du Si yu. A l'est, il est sujet des Chionḡ nou (Huns).

A l'époque de Chuann ti[1], des guerres éclatèrent entre cinq Tchenn yu[2] des Chionḡ nou (Huns) qui se disputaient le trône : les 'Hann firent élire le Tchenn yu 'Hou 'hann yé. Le Tchenn yu Tché tché en conçut du ressentiment et fit massacrer l'envoyé des 'Hann. Le royaume de K'anḡ tçiu mit obstacle à ses projets (contre les 'Hann). A l'époque de Tch'enḡ ti[3], le roi de K'anḡ tçiu envoya son fils porter tribut à la cour des 'Hann; mais lui-même se prévalant de son éloignement, et plongé dans l'orgueil, ne voulut pas avoir de relations avec les autres états. Ce fut seulement sous les 'Hann que l'on commença à avoir des relations suivies avec le pays de K'anḡ tçiu : il fut à la fin soumis et ne cessa plus d'en avoir.

Le petit Kounn mi[4] des Ou sounn, Pi yuann tché, frère cadet du général Mo tchenn, conçut le projet de tuer le grand Kounn mi : il se soumit au K'anḡ tçiu avec tous les siens au nombre de quatre-vingt mille,

[1] Chuann ti, des 'Hann, a régné de 73 à 48 av. J.-Ch.

[2] 單于 La prononciation du premier de ces deux caractères est *tann*, mais dans cette expression, qui est l'équivalent du mot k'an (roi) mongol, elle doit être *chenn*.

[3] Tch'enḡ ti, des 'Hann, a régné de 32 à 6 av. J.-Ch.

[4] Roi, souverain.

dans le dessein de lui demander des troupes : le K'ang tçiu soumit plus tard les deux Kounn mi.

III. Extrait du Oueï lio (Abrégé de l'histoire des Oueï), Description des Si jong. Le royaume du Ou y septentrional est au nord du K'ang tçiu; le royaume de Tçienn kounn est au nord-ouest du K'ang tçiu; le royaume de Ting ling est au nord du K'ang tçiu; le royaume de Tçienn kounn est au centre des deux autres. Il est à cinq mille li des six états de Tch'o ché qui s'en trouvent au sud.

IV. Extrait des Annales des T'ang, Description des 'Houeï 'ho (Ouïgours). Le pays de Tçié ka sseu est l'ancien état de Tçienn kounn. Le Tchenn yu Tché tché battit les Tçienn kounn qui se trouvaient alors à sept mille li de sa résidence, et à cinq mille de Tch'o ché, et s'établit sur leur territoire : dans la suite on appela par erreur ce territoire Tçié kou, 'Ho kou et 'Ho ko sse. Il était à trois mille li juste au nord-ouest des 'Houeï 'ho (Ouïgours) : à l'est il s'étendait jusqu'aux trois tribus des Mou ma T'ou tçué, nommées Tou po, Mi lié ko et Otché.

Le pays de Tçienn kounn était à l'origine pays frontière; son territoire était semblable à celui des T'ou tçué (Turcs). A l'est il touchait au Kou li oua, au sud au T'ou po, au sud-ouest au Ko lo lou.

La vingt-deuxième année Tcheng kouann (648), ayant appris que le pays de T'ié lo s'était soumis, ce royaume se hâta d'envoyer des ambassadeurs offrir en tribut des productions du pays. Son chef Tseu li fa ché po tçiu a tsann vint en personne à la cour. L'empereur fit de cet état le gouvernement de Tçienn kounn, dépendant du gouvernement général de Yenn yann.

Sous le règne de Kao tsonḡ (650 à 684) des envoyés de ce pays vinrent de nouveau à la cour; durant les années Tçinḡ lonḡ (707 à 710) le tribut consista en productions du pays; quatre ambassades vinrent à la Cour sous le règne de Yuann tsonḡ[1].

Durant les années Tç'ienn yuann (758 à 760) le kounn mi fut battu par les 'Houeï 'ho, et dès lors il cessa d'avoir des relations avec l'empire du Milieu. Dans la suite ce pays fut appelé par erreur en langue Ti[2] « Tçiè ka sseu » ce nom signifie en 'Houeï 'ho « aux visages jaunes-rouges »[3]. Il fut aussi appelé par erreur Ka ka sseu.

Observations.

Nous voyons dans la Description du Si yu donnée dans les Annales des 'Hann que les Ou sounn étaient limitrophes, à l'est, des Chionḡ nou (Huns), au nord-ouest, du K'anḡ tçiu, à l'ouest, du Ta yuann, au sud, des états sédentaires[4]. Étant limitrophes au nord-ouest du K'anḡ tçiu, ils touchaient également à l'ouest et au nord au

1 Cet empereur a régné de 847 à 860.

2 狄 *Ti* était le nom d'une tribu à demi sauvage, habitant prés des sources du Houanḡ 'ho. Les 北 狄 *Ti septentrionaux* étaient une tribu de race scythique.

3 黃 赤 面 'Houanḡ tch'é mienn.

4 城 郭 國 par opposition aux 行 國 états nomades.

même pays, aussi les Annales ne disent-elles pas à quel pays il était contigu au nord.

Les tribus mahométanes de nos jours sont les états sédentaires, dont nous venons de parler, situés au sud des Monts célestes. Les Dzongars actuels, qui sont au nord des Monts célestes et voisins au sud des tribus mahométanes sont les Ou sounn de l'époque des 'Hann. Le territoire des K'azaks, qui comprend celui de la horde des K'azaks de gauche au nord des Dzongars, puis un peu à l'ouest celui des K'azaks de la droite qui est limitrophe du pays de Tachkend, tous deux ayant une étendue de deux mille li environ, et enfin, un peu au nord-ouest, les campements des K'azaks postérieurs, se trouve au nord et à l'ouest tout ensemble des Dzongars, et s'accorde parfaitement avec la description donnée par les Annales des 'Hann. La phrase «les Ou sounn sont voisins au nord et à l'ouest du K'ang tçiu» peut s'appliquer de nos jours aux hordes des K'azaks de la gauche et de la droite. Le *Ché tçi* et les Annales des 'Hann disent : «Le K'anḡ tçiu est voisin à l'est des Chionḡ nou (Huns)» ; les Annales des 'Hann disent encore : «Les Chionḡ nou tuèrent l'ambassadeur des 'Hann; ils furent arrêtés à l'ouest par les K'anḡ tçiu» et «les Ou sounn se soumirent au nord au K'ang tçiu» : Ces citations prouvent clairement qu'à l'est du K'anḡ tçiu étaient les Chionḡ nou, et qu'au sud du même pays étaient les Ou sounn.

La chaîne nord-est des Monts célestes actuels est l'ancienne frontière du territoire des Chionḡ nou de l'époque des ʻHann. A l'ouest de cette chaîne sont : au nord, les Kʻazaks, au sud les Dzongars. C'est ce qui explique ces phrases des Annales des ʻHann : «Le Kʻang̃ tçiu est à l'est soumis aux Chiong̃ nou» — «les Chiong̃ nou arrêtèrent à l'ouest les Kʻung̃ tçiu» — «les Ou sounn sont au nord voisins du Kʻang̃ tçiu.»

Le roi du Kʻang̃ tçiu habite en hiver le territoire de Lo yué tʻo; en été il a une autre résidence. Yenn Chékou[1] dit à ce sujet : «Le roi a des demeures différentes pour se soustraire aux froids de l'hiver et à la chaleur de l'été». Aujourd'hui encore, le Kʻan des Kʻazaks habite en été Yéchil, et en hiver Gousgous pantchar : on voit que c'est la même coutume. Sous les Tsinn et les Oueï les Kʻang̃ tçiu émigrèrent vers l'ouest : leur territoire est à présent celui de la horde des Kʻazaks de la gauche.

Quant à la situation du territoire des Tçié ka sseu, dont parlent les Annales des Tʻang̃ et qui était à l'ouest d'Y vou, sur le versant de la montagne blanche au nord de Yenn tçi[2], elle semble ne pas s'accorder avec celle du pays des Kʻazaks : mais si nous examinons le texte primitif des Annales des Tʻang̃, nous voyons que ce qui est appelé «pays situé à l'ouest d'Y vou, sur le versant de la montagne blanche», est tout simplement l'ancien territoire des Tçienn kounn; il doit donc former actuellement la frontière des Dzongars.

[1] 顏師古 Yenn Ché-kou, qui véçut sous la dynastie des Tʻang̃, a laissé un commentaire remarquable sur le ʻ*Hann Chou* ou Annales des ʻHann.

[2] Le 焉耆國 Yenn tçi kouo est identifié avec le territoire actuel de Kʻarachar.

Quant à la région où vint s'établir le Tchenn yu Tché tché, lorsqu'après avoir battu les Tçienn kounn, il émigra vers le nord-ouest, et qui était, du côté de l'est, à sept mille li de la résidence du Tchenn yu, et du côté du sud, à cinq mille li de Tch'o ché, les renseignements que nous fournissent à son égard le *Oueï lio* et les Annales des T'anğ sont à peu près identiques; il devait se trouver au nord de la Dzongarie actuelle, et il n'y a point de doute qu'il ne fût sur la frontière de la contrée habitée par les hordes K'azaks.

Nous voyons en outre que la tribu de Ko lo lou était au nord-est de l'actuel Ili, et que les hordes K'azaks étaient encore au nord-est du Ko lo lou : ce qui s'accorde parfaitement avec ce dire des Annales des T'anğ que la région des Tçié ka sseu était, au sud-ouest, limitrophe du Ko lo lou.

II. Horde des K'azaks de la droite.

Description générale.

Le territoire qu'occupe la horde des K'azaks de la droite est, dans la direction de l'est, à deux mille li de celui où réside la horde des K'azaks de la gauche : du côté du nord, il s'étend jusqu'aux frontières de la Russie, du côté du sud-ouest il touche au pays de Tachkend.

La horde des K'azaks de la droite porte le nom de Ourak yous; son K'an s'appelle Abilis; il a trois bartou[1] qui s'appellent Doulibaï, Kouigerdo, Sasakbaï. Abilis,

[1] Lieutenants ou vice-gouverneurs.

qui réside dans la ville de Tachkend, ne s'occupe d'aucune affaire : c'est Doulibaï qui en réalité tient en mains les rênes du gouvernement.

Les mœurs des K'azaks de cette horde sont à peu près les mêmes que celles des K'azaks de la gauche.

Ce pays est sur la frontière occidentale de l'ancien royaume de K'ang tçiu (Sogdiane).

Histoire contemporaine.

Ablaï avait dit ce qui suit à Chounn to na : «Nous autres K'azaks nous sommes divisés en trois Yous, comme les Dzongars sont partagés en quatre Oueïrad[1] : le yous d'Odour est celui que je gouverne : les autres sont ceux de Gidsik, d'Ourak, que mes parents régissent. Il faut qu'ils viennent tous se soumettre à l'empire du Milieu.» Il envoya alors dans les autres yous son frère cadet Aboul bis.

Sur ces entrefaites le Ts'ann tsann Fou To, poursuivant les armes à la main le rebelle K'azak Sira, arriva aux frontières du territoire de la horde des K'azaks de la gauche; il envoya les officiers Mongourdaï et 'Ho chann pour pacifier cette contrée, tandis que lui même faisait camper son armée sous les murs de la ville de Mangegen.

[1] 衛喇特, tribus. A l'époque de son indépendance la Dzongarie était divisée en quatre *Oueïrad*, en mongol *dourben Oueïrad*, les quatre alliés; c'est peut-être bien de ce mot mongol qu'est venue la dénomination *d'Eleutes* ou *Eleuthes*.

Dans ce temps là Doulibaï était justement en guerre avec le mahométan de Tachkend, Dourdchan, qu'il parvint, non sans difficulté, à vaincre. (On peut voir les détails sur cette guerre au livre suivant, dans la notice sur Tachkend.)

C'est alors que Doulibaï, attiré par la vertu de l'empereur et craignant sa puissance, se rendit à l'armée de Fou To pour faire sa soumission. Il offrit des chevaux en présent et adressa une pétition pour demander la permission de faire sa soumission.

«Depuis fort longtemps, disait-il dans cette pétition, je désirais faire ma soumission : mais, habitant un pays éloigné, situé à l'extrémité de vos frontières, et de plus empêché par les Dzongars, je n'avais pu avoir de relations avec vous. Dernièrement j'ai appris que les K'azaks de gauche avaient fait leur soumission, et avaient été comblés de bienfaits par l'empereur, et que de plus un envoyé impérial venait sur mon territoire. Je prie Votre Majesté de me permettre de recevoir ses instructions, et d'être compté parmi ses sujets : ce dont j'aurai une joie et un plaisir sincères. Je vais envoyer mon fils à la cour pour qu'il voie l'auguste visage de Votre Majesté et pour qu'il y soit élevé. Je désire faire tous les efforts possibles et imaginables pour répondre aux volontés de Votre Majesté.»

La vingt-troisième année (1758) Doulibaï envoya à la cour son fils Djolan, et le frère de Kouigerdo, Bosorman. Ils furent tous deux invités au festin impérial à la villa de P'ann chann tsing tçi, et suivirent l'empereur au Nann yuann[1] qu'ils visitèrent en détail, et où ils assistèrent à des feux d'artifice : Ils reçurent de nombreux bienfaits de la munificence de l'empereur.

Description physique.

Le territoire de la horde des K'azaks de la droite est situé entre les 43° et 45° latitude nord, et par le 45° 48' longitude ouest de la capitale (Péking).

Il est limitrophe, à l'est, du territoire des K'azaks de la gauche, au nord-est, de la frontière nord-ouest de l'Ili, au sud, des pays des Bourouts, d'Andidchan, de Namangân, etc.

Du côté de l'ouest il est à environ six cents li de Tachkend; du côté du nord il s'étend jusqu'à la montagne 依底克 Itik. C'est là que se trouvent les K'azaks septentrionaux. Au sud sont le 格根 Gegen et le 納穆爾 Namour koul; au sud se trouve le 雅哈爾 Yakar koul puis, au sud-ouest, le 錫爾 Sir koul (Syr déria). On rencontre ensuite

à l'ouest, le 薩哈斯 Sakas koul,

au nord, le 搭拉斯 Talas koul.

A l'est du Gegen koul, près du Talas koul, sont les deux lacs de 哈拉庫爾 Karakour et de 達布孫 Dabousoun.

[1] Le 南苑 Nann yuann, ou, comme on l'appelle plus communément 海子 'Haï tseu, est un parc enclos de murs situé au sud de Péking et cinq fois aussi grand que la ville elle-même : il s'y trouve en quantité des cerfs, des antilopes, des lièvres, etc. C'est pour ainsi dire la chasse réservée de l'empereur.

Entre le Sakas koul et le Sir koul il y a une suite de pics qui portent les noms de
穆呼扎爾 Mouhou djar,
哈拉綽克多 Kara djokdo,
莽阿錫魯 Manggasilou,
柯格納斯 Gegenas.

Au nord de ces collines est un grand lac qui porte le nom de 騰吉斯 Tenghiz[1]; il a plusieurs centaines de li de tour; c'est en réalité une petite mer.

Sur la rive sud-est de cette mer se trouve une tribu appelée Char; au sud du Sakas koul est la ville de Dalach et celle de Koladjouk; au nord-ouest du Sir koul est la ville de Bolak : à l'est de celle-ci est la cité de Naouak, puis au sud celle de Kaodak. Si de cette dernière ville on se dirige vers l'ouest et on traverse le Sir koul, on trouve la ville de Tachkend. Cette ville est située en deçа des frontières des K'azaks de droite, mais forme elle-même une tribu indépendante.

Extrait des Annales sur les K'azaks de droite.

I. Extrait des Annales des 'Hann, Description du Si yu. Le K'ang tçiu a cinq rois vassaux : les rois de Sou to qui réside à la ville de Sou to; de Fou mo qui habite la ville de Fou mo; de Yué t'o qui réside à la ville de Yué t'o; de Pinn dont la capitale est la ville de Pinn, et enfin d'Ao tçienn gouvernant la ville d'Ao tçienn.

[1] C'est le nom donné par les Mongols à la mer Caspienne.

II. Extrait des Annales des Tsinn, Description du Si yu. Le royaume de K'anḡ tçiu est à deux mille li environ au nord-ouest du pays de Ta yuann; il est voisin du Chou ko et du Y lié. Son souverain réside dans la ville de Sou tché. Les mœurs, la physionomie des habitants de ce pays sont presque semblables à ceux du Ta yuann : les costumes des habitants des deux pays sont également les mêmes.

Le climat de la contrée est tempéré. Le sol produit en abondance des Dryandra cordata[1], des saules et des vignes. On y trouve beaucoup de bœufs et des moutons, ainsi que d'excellents chevaux.

Durant les années Taï ché (265 à 275), le roi de ce pays, Na pi, envoya un ambassadeur à la cour pour demander l'investiture et offrir de magnifiques chevaux.

III. Annales des Oueï, Description de Si yu. Le royaume de Tcho cho est au nord-ouest du P'o lo na[2], a quinze mille quatre cent cinquante li de Taï (tchéou)[3]. La troisième année T'aï yenn (437) il envoya un ambassadeur à la cour pour offrir tribut, et depuis cette époque ne cessa de l'envoyer.

IV. Extrait des Annales des T'ang, Description du Si yu. Le royaume de Ché, appelé aussi Tché tché,

1 桐 t'onḡ. On lui donne aussi le nom de *Elæococca vernicifera* (Perny).

2 破洛那 P'o lo na = Ferghana.

3 代州 Taï tchéou dans le Chann si.

Tché tcho, Tcho ché[1], se trouvait sur la frontière septentrionale du Ta yuann de l'époque des ʿHann. Au nord-est de ce pays sont les Tʿou tçué (Turcs) occidentaux; au nord-ouest est le Po la; à deux cents li dans la direction du sud est le Tçiu tchann tʿi; à cinq cents li vers le sud-ouest se trouve le Kʿang̃[2].

Cet état a environ mille li de circonférence. Il est situé sur la rive droite de la rivière Sou yé; le nom de famille du roi est Ché; la capitale est la ville de Tché tché. C'est l'ancienne ville de Yu tʿo, vassale du Kʿang̃ tçiu. Au sud-ouest est la rivière Yao cha qui sous le nom de rivière de Tchenn tchou[3] entre dans l'empire du Milieu. On l'appelle aussi rivière de Tché[4]; il y a de hautes montagnes dans la direction du sud-est.

La première année Ta yé des Soueï (605) les Tʿou tçué (Turcs) occidentaux tuèrent le roi de ce pays et mirent à la tête du gouvernement Tʿo lo pʿou.

La troisième année Chienn tçʿing̃ (658), le territoire de la ville de Kann tçié devint le gouvernement de Ta yuann. La première année Kʿaï yuann (713) l'investiture du royaume de Ché fut donnée au prince de cet état, nommé Mo ʿhouo tchʿou tou tounn, en récompense des services qu'il rendit. La vingt-huitième année (741)

[1] 石 Ché (pierre); 柘支 Tché tché; 柘析 Tché tcho; 赭時 Tcho ché (= Chach ou Tchadj, écrit aussi 察赤), nom du territoire de Tachkend (bourg de pierres).

[2] 康 Kʿang̃ était la capitale du Sou toui chana. Kʿang = Samarkand; Sou toui chana = Osrouchnach.

[3] 真珠河 Tchenn tchou ʿho, rivière des vraies perles.

[4] 質河 Tché ʿho.

on lui accorda le brevet de roi de Chounn y. Dans les années T'ienn pao (742 à 756) on donna l'investiture à son fils Na tçiu tch'o pi ché, avec le titre de roi 'Houaï 'houa, et on lui conféra un brevet écrit sur une plaque de fer[1].

Dans la suite, Kao Sienn-tché, gouverneur d'Ann si[2], fit une campagne contre lui, s'en empara et le livra : le malheureux roi fut décapité à la porte même du palais[3]. Son fils s'enfuit chez les Ta ché[4] pour leur demander du secours : avec leurs troupes il attaqua et prit la ville de Tanlos et battit l'armée de Kao Sienn-tché : puis il soumit les Ta ché eux-mêmes.

Dans l'année Pao yng (762) il envoya un ambassadeur à la cour pour offrir tribut.

Observations.

A partir du territoire des K'azaks, on trouve dans la direction du sud-ouest de vastes solitudes et de larges déserts pendant l'espace de deux mille li environ. Les K'azaks qui n'ont ni villes ni cités et vont là où il y a de l'eau et des pâturages, sont au nord-ouest des Dzongars. Cela s'accorde avec ce que disent les Annales des 'Hann, que les Ou sounn sont limitrophes au nord-ouest du K'ang tçiu : le territoire des K'azaks,

[1] 賜鐵劵.

[2] 安西府 Ann si fou, district de Tartarie occidentale.

[3] 斬闕下.

[4] Les 大食 Taché (Tadjiks), d'origine persane, habitaient près des Bolor. A l'époque des T'ang ils furent confondus avec les Arabes. Voyez sur les Taché E. Bretschneider, *On the knowledge possessed by the ancient chinese of the Arabs and arabian colonies and other western countries* . . . p. 6 et suiv.

comme nous l'avons déjà expliqué précédemment, est donc l'ancien pays de K'ang̃ tçiu.

Mais, d'après les Annales des 'Hann, le Ta yuann était au nord contigu au K'ang̃ tçiu, et les Ou sounn touchaient au Ta yuann à l'ouest. Le Chiéou tounn et le Tçuann tou s'étendaient au nord-ouest jusqu'au royaume de Ta yuann qui, selon le *Ché tçi*, était un état sédentaire, possédant des villes et dont les habitants se livraient à la culture de la terre. Le Ta yuann était donc à l'ouest des Ou sounn, au sud du K'ang̃ tçiu, au nord-ouest du Chiéou tounn et du Tçuann tou.

La frontière occidentale de la horde actuelle des K'azaks de la droite s'étend jusqu'à Tachkend, où réside son k'an Abilis. Dans la contrée située au nord-ouest et au nord-est de cette ville il y a encore des tribus qui possèdent des villes. Il en résulte que le territoire de la horde actuelle des K'azaks de la droite doit être identifié avec le pays des cinq petits rois vassaux du K'ang̃ tçiu. Sa frontière sud-ouest touchait à la frontière méridionale du Ta yuann, ce qui explique la phrase suivante des Annales des Tsinn et des Oueï : «Le K'ang̃ tçiu et le Tcho cho étaient au nord-ouest du Ta yuann et du P'o lo na.»

Nous lisons dans la préface des poésies composées par l'empereur : «Le Ta yuann était un état très puissant et florissant; les possesseurs de fiefs qui en dépendaient étaient fort nombreux. Les K'azaks devaient faire partie de cet état.» Nous voyons en effet que les frontières du Ta yuann et du K'ang̃ tçiu sont contigues, et l'on peut penser avec raison que des tribus de ce dernier pays, comme par exemple la horde des K'azaks de gauche, aient été vassales du Ta yuann.

Le royaume de Ché des Annales des T'ang̃ était habité par les descendants du K'ang̃ tçiu de l'époque des 'Hann. Il était un peu au nord des états gouvernés par les souverains de Tchao vou[1]. D'après l'état actuel des lieux sa frontière orientale devait aller jusqu'au Talas koul, mais sa frontière occidentale devait être encore bien plus loin; elle devait aller jusqu'au sud-est de Tachkend, voisine ainsi d'Andidchan et autres villes. Aussi est-il dit qu'il se trouvait à la frontière septentrionale du Ta yuann.

Au-delà du royaume de Ché étaient encore les états de Ts'ao, de Mi, de K'ang̃, de Ché, de 'Ho, d'Ann, d'A, de 'Houo sinn, de Vou[2], etc., vassaux du royaume de K'ang̃ tçiu. Situés au nord des monts Tçi lienn, derrière la ville de Tchao vou, ils s'appuyaient un peu au sud sur les Ts'ong̃ ling̃. Le territoire qu'ils habitaient avant d'avoir émigré, correspond au territoire de la horde actuelle des K'azaks de la droite; celui où ils s'établirent plus tard correspond aux pays voisins d'Andidchan, Kokand et autres villes.

(On verra des détails sur tout cela au livre suivant, Notice sur Namangân.)

[1] 昭武 Tchao vou.

[2] 曹米康 (= Samarkand); 史何 (= Kord), 安 (= Bok'ara). 火尋, 戍地.

NOTICE SUR LES BOUROUTS[1]

I. HORDE DES BOUROUTS ORIENTAUX[2].

Description générale.

Le territoire qu'occupe la horde des Bourouts orientaux est situé au sud-ouest de la Dzongarie, au nord-ouest des tribus mahométanes, à la base septentrionale des Monts célestes, tout près des Ts'ong̃ ling̃. Il est à quatorze cents li de l'Ili, au nord-est duquel il se trouve; et à sept cent quatre-vingt-dix li d'Aksou, au sud-est.

La horde des Bourouts orientaux est divisée en cinq tribus dont les trois suivantes sont les plus considérables: Celle qui occupe l'Otok[3] de Sayak'; elle obéit à plu-

[1] Les Bourouts sont les K'ara Kirghiz ou Kirghiz noirs, appelés aussi Kirghiz sauvages.

[2] Les 列表 tableaux chronologiques des noms sous lesquels les pays de l'Asie centrale ont été connus aux différentes époques de l'histoire chinoise, qui forment les livres 4 et 5 du *Si yu t'ou tché,* donne les indications suivantes : «Les Bourouts orientaux ont été appelés:

Sous les 'Hann occidentaux (ou antérieurs) qui régnèrent de 206 av. J.-Ch. jusqu'à 25 ap. J.-Ch. 烏孫西鄙 Pays situé à la frontière occidentale des Ou sounn;

Sous les Oeï septentrionaux (To ba), 386 à 535, 波路國 Royaume de P'o lou;

Sous les T'ang̃ (618 à 907) 布露 Pou lou, ou 勃律 Po liu.

[3] 鄂拓克 *Otok* est expliqué dans le Dictionnaire des noms de l'Asie centrale *Si yu t'ong̃ ouenn tché,* par 遊牧之處 endroit où l'on mène les troupeaux paître.

sieurs chefs dont le premier porte le nom de T'ourou ki baï; elle se compose de mille familles environ. Celle qui occupe l'Otok de Sara bak'achi : elle obéit à plusieurs chefs dont le premier porte le nom de Tcholikdzi; elle compte aussi environ mille familles. Il y a encore une autre tribu qui habitait autrefois près du Talas, sous le commandement de plusieurs chefs dont Maïtak était le premier : elle compte environ quatre mille familles.

Tous ces chefs de tribu sont indépendants les uns des autres; chaque année ils font choix d'un des leurs qui s'occupe du gouvernement général et à qui toutes les affaires sont soumises. Ce Tchang ou président de la confédération[1] est nommé Mamouk k'ouli, et n'est que pour un temps à la tête de toutes les tribus.

Quant aux mœurs et au caractère de ces Bourouts orientaux, les voici : ils aiment le profit et se plaisent aux querelles; ils considèrent beaucoup l'art de mener paître les troupeaux; ils ont pour occupation de labourer et de planter; ils craignent excessivement les lois.

Les anciens pâturages des Bourouts orientaux étaient Gegen Karkira et Temourdou : chassés de ces pâturages par les Dzongars, ils allèrent vers l'ouest se réfugier dans les environs d'Andidchan; lorsque la Dzongarie eut été entièrement soumise, ils purent recouvrer leur ancien territoire.

[1] 長 ou 盟長 chef d'un *tchogolgan* (Meung, ou confédération).

Histoire contemporaine.

La vingt-troisième année Tç'ienn long (1758) les troupes du maréchal Tchao 'Houeï, poursuivant le rebelle K'aissak Sira, s'approchèrent des frontières du territoire des Bourouts orientaux. Tourouki baï, ayant manifesté le désir de faire sa soumission, le maréchal Tchao 'Houeï envoya les officiers de la garde impériale Ourteng et Toroündaï pour la recevoir.

Au bout de quelques jours de marche ces officiers arrivèrent au campement de Tourouki baï, appelé Djoumk'an. Le décret impérial (qui acceptait la soumission des Bourouts) fut reçu avec beaucoup de respect, et, quand la lecture en eut été achevée, tous les hommes des deux Otok de Sayak' et de Sara bak'achi firent neuf prosternations en se frappant le front de leurs mains et dirent :

«Depuis longtemps nos tribus songeaient à se soumettre à l'empereur (de la Chine), mais jusqu'ici elles n'avaient pu mettre à exécution ce désir, empêchées, comme elles l'étaient, par les Dzongars. Elles ont pu obtenir à présent d'être sujettes de l'empereur : c'est là un bonheur auquel elles n'osaient pas penser.»

Ayant ainsi parlé, tous se prosternèrent de nouveau, en remplissant l'air de leurs cris d'allégresse.

Ochébor, fils de Maïtak, chef de la tribu de Talas, se trouvait là par hasard : il manifesta le désir de se soumettre avec toute sa tribu ; à cette nouvelle Toroündaï et son collègue se rendirent au campement de cette tribu de Talas. Ils y arrivèrent au bout de six jours de marche et reçurent la soumission de toute la tribu. De la sorte, toutes les tribus des Bourouts orientaux se trouvèrent soumises.

Mamouk K'ouli, dont nous venons de parler, était âgé de plus de quatre-vingt-dix ans; il était d'une forte corpulence. Il s'asseyait ordinairement les jambes croisées, de sorte que son ventre traînait à terre; son obésité l'empêchait de faire de grandes courses. Il envoya à l'armée de Tchao 'Houeï les trois chefs Tcholikdzi, Tourkibaï et Nicha, pour offrir cent bœufs et moutons. Ces trois chefs reçurent l'ordre d'aller se présenter à l'empereur qui les invita à le suivre aux chasses de Moulan, puis à un festin dans le jardin de Ouann chou où ils assistèrent à des feux d'artifice et à des illuminations de toutes sortes..

Lorsque ces trois chefs étaient arrivés au camp de Tchao 'Houeï, celui-ci les avait invités à un festin, leur avait fait visiter le camp et avait ordonné à ses troupes d'exécuter divers exercices sous leurs yeux. Les trois chefs Bourouts avaient été fort étonnés de ce qu'ils virent et avaient dit au maréchal:

«Nous avions déjà entendu vanter l'excellence des arcs et des flèches de vos soldats, mais ce que nous ne connaissions pas, c'est l'habileté de vos archers dont les traits ne manquent jamais leur but, et transpercent plusieurs cuirasses superposées les unes sur les autres, de vos archers qui peuvent tout à la fois décocher à droite et à gauche cinq flèches, et de vos cavaliers qui sautent à bas de leurs chevaux, y remontent d'un saut et s'y tiennent debout. De même, nous n'avions pas encore vu trois arquebuses placées sur un seul cheval partir tout ensemble.

«Les Dzongars qui nous tenaient sous un joug tyrannique ont été battus et détruits; les K'azaks, qui se prévalaient de leur force et de leur puissance, se sont soumis rien qu'à la nouvelle de l'approche de votre armée : comment donc, nous, qui ne sommes qu'une toute petite tribu, aurions-nous osé ne pas faire aussi notre soumission?» et ils ne cessèrent tous de pousser des soupirs de terreur.

Ce territoire s'étend du 41° 30' latitude nord au 42°; du 41° 30' au 43° 30' longitude ouest de la capitale (Péking). Il se trouvait jadis sur la frontière occidentale du territoire occupé par les Ou sounn.

Durant la vingt-sixième année (1761), le chef d'une autre tribu de la horde des Bourouts orientaux, Emour beg, vint en deça des frontières s'établir avec toute sa tribu. Il envoya à la cour son frère cadet Mouroud faire sa soumission et offrir en tribut des cueillères[1]; il demandait de plus que l'empereur voulût bien lui assigner un territoire. L'empereur le loua beaucoup et conféra à Emour beg le bouton de troisième rang.

EXTRAIT DES ANNALES SUR LE PAYS DES BOUROUTS ORIENTAUX.

II. Extrait du Peï ché, Description du Si yu. Le royaume de Po lou est situé au nord-ouest du royaume

[1] 貢匕首.

d'A kéou tçiang̃; il se trouve à treize mille neuf cents li de Taï (tchéou).

II. Extrait des Annales des T'ang̃, Description du Si yu. Les grands Po liu que l'on appelle aussi Pou lou sont à l'ouest des T'oufan (Tibétains). Leur territoire est limitrophe de celui des Petits Po liu.

Depuis les années Ouann soueï t'ong̃ t'ienn jusqu'aux années K'aï yuann (690 à 742), ils envoyèrent des ambassadeurs à la cour par trois fois.

Les Petits Po liu sont à plus de neuf mille li de la capitale (des T'ang̃); ils sont à trois mille li de la résidence du Ts'ann p'ou (*r*Gyalpo ou roi) du Tibet; à huit cents li de Ou tchang̃ qui en est à l'est. A trois cents li au sud-est sont les Grands Po liu; à cinq cents li au sud est le Kachmir; à cinq cents li au nord est la ville de P'o lo, des 'Hou mi.

Le roi réside dans la ville de Nié to, sur les bords de la rivière So y. A l'ouest de cette ville se trouve, sur la cime d'une montagne, une grande cité qui porte le nom de Tçia pou lo (Kaboul).

Dans les premières années K'aï yuann (vers l'an 713), leur roi Mokin mang̃ vint à la cour présenter ses hommages à l'empereur. L'empereur Yuann tsong̃ retint son fils et fit de son territoire le gouvernement de Soueï yuann. Cet état attaqua les T'oufan (Tibétains) qui le réduisirent plusieurs fois à l'extrémité. «Ce n'est pas votre pays, disaient les T'oufan aux Po liu, que nous désirons posséder; nous ne voulons que vous demander passage sur votre territoire pour aller attaquer les quatre gouvernements[1].» Mais, avec le temps, les T'oufan s'emparèrent des neuf villes de Mokin mang̃; ce dernier vint demander du secours (aux T'ang̃). Le Tsié tou ché (gouverneur) de Peï t'ing̃ (Ouroumtsi), Tchang̃ Chiao-song̃ envoya Tchang̃ Sseu-li, sous-gouverneur de Sou lo (Kachgar), lui porter secours à la tête de quatre mille excellents soldats. Tchang̃ Sseu-li se hâta de marcher en avant. Mais, sur ces entrefaits, Mokin mang̃, s'étant mis en campagne, battit complètement les T'oufan et leur reprit les neuf villes qu'ils lui avaient enlevées. Un décret impérial nomma Mokin mang̃ roi des Petits Po liu; Mokin mang̃ mourut peu après.

Depuis cette époque les Po liu n'offrirent plus de tribut. Le gouverneur d'Ann si fit trois campagnes contre eux pour les y forcer, mais cela ne servit de rien.

La sixième année T'ienn pao (747) l'empereur ordonna au vice-gouverneur Kao Sienn-tché d'aller châtier ce peuple : ce général soumit complètement le pays. Les états de Fo linn[2], de Ta ché[3] et soixante-douze autres royaumes furent plongés dans la terreur et firent leur soumission. Le roi des Petits Po liu, fait prisonnier, fut

[1] Sous les T'ang̃ le Si yu fut divisé en quatre 鎮 tchenn ou grands gouvernements; en voici les noms:

1° Koueï tseu (le Koutché actuel).
2° Yenn tçi (le K'arachar).
3° Sou lo ou Chou lo (le Kachgar).
4° Pi cha (le K'oten).

[2] Sur le 拂菻 Fo linn, voyez Bretschneider, ouvrage cité p. 23 et suiv.

[3] Voyez la note 4, p. 148.

amené à la capitale (des T'anḡ). Un décret impérial changea le nom de ce pays en celui de Koueï jenn (qui revient à la vertu[1]), et y établit le gouvernement de Koueï jenn.

Observations.

Les Bourouts de nos jours sont les Po lou ou Po liu de l'époque des T'anḡ.

Le commentaire des poésies composées par l'empereur jette beaucoup de clarté sur ces contrées, et, éclairant l'antiquité sans laisser place au moindre doute, peut être appelé la Boussole de la Géographie (du Si yu). On y trouve le résumé des divers changements de dénominations qui ont eu lieu depuis l'époque des T'anḡ jusqu'à nos jours.

Nous lisons dans les Annales des 'Hann le passage suivant:

«Le pays des Ou sounn est limitrophe au sud des royaumes qui ont des villes et des cités.»

Ce que l'on appelait alors les «royaumes qui ont des villes et des cités», c'étaient les trente-six états situés au sud des Monts célestes, à l'est des Ts'onḡ linḡ. Toute la frontière septentrionale du territoire qui s'étendait entre Tch'o ché à l'est et Sou lo à l'ouest était limitrophe du pays des Ou sounn : seulement le pays des Ou sounn était au nord des Monts célestes, tandis que les trente-six états s'en trouvaient au sud.

[1] 歸仁.

Le Kachgar actuel est l'ancien territoire de Sou lo; au delà des montagnes on trouve au nord les tribus bourouts de Sayak' et de Sara bak'achi : les frontières du territoire occupé par ces deux tribus et celles de Kachgar sont perpendiculaires l'une à l'autre. Il est évident d'après cela que le pays actuel des Bourouts était, à l'époque des 'Hann, celui des Ou sounn. Nous lisons en outre:

«Les Ou sounn occupaient primitivement le territoire de Saï. Le roi de Saï, battu et refoulé à l'ouest par les grands Yué ti, traversa les Passages suspendus, tandis que les vainqueurs s'établissaient sur son territoire. Dans la suite, le Kounn mi des Ou sounn battit les grands Yué ti qui, se retirant vers l'ouest, soumirent le Ta chia (Bactriane); le Kounn mi des Ou sounn s'établit sur le territoire des grands Yué ti.»

Tout cela prouve que les Yué ti, avant d'avoir été chassés par les Ou sounn, occupaient le territoire de Saï, au nord des Ts'ong̃ ling̃.

Nous y voyons encore «que dans l'ouest du royaume d'Outcha il y a des passages suspendus».

Le royaume d'Outcha étant l'actuel Badak'chan, il en résulte que les montagnes où se trouvaient les passages suspendus devaient être au sud des Ts'ong̃ ling̃ de nos jours, à l'ouest du Badak'chan, et que l'ancien territoire du royaume de Saï devait être au nord-est du Badak'chan.

Une fois que le roi de Saï se fut retiré au-delà des passages suspendus, son territoire fut possédé par les grands Yué ti; lorsque les Yué ti eurent soumis le Ta chia, le pays de Saï passa aux mains des Ou sounn. La contrée habitée actuellement par les hordes bourouts est juste au nord des Ts'ong ling, au nord-est du Badak'chan : c'est de là qu'autrefois le Kounn mi des Ou sounn chassa les Yué ti, et il n'y a pas le moindre doute qu'elle devait former la frontière occidentale des Ou sounn.

Il est dit encore dans les Annales des 'Hann : «Les Ou sounn ne cultivent point la terre, ni ne plantent point d'arbres : ils vont là où il y a de l'eau et des pâturages; leurs mœurs sont semblables à celles des Chiong nou.» Or, les Bourouts orientaux de nos jours n'ont ni villes ni cités, et vont dans les lieux où ils peuvent trouver de l'eau et des pâturages : ils ont des mœurs semblables à celles des tribus dzongars qui habitent un peu à l'est : ils sont évidemment les Ou sounn d'autrefois.

A l'ouest des Bourouts sont les villes de Kokand, d'Andidchan et de Marghilan : ces états, qui sont sédentaires et ont des cités, formaient, du temps des 'Hann, le royaume de Ta yuann. En effet, à cette époque, nous voyons que les Ou sounn étaient limitrophes à l'ouest du Ta yuann et que les mœurs de ces deux pays différaient totalement : les habitants de ce dernier état, nous dit le *Ché tçi*, étant sédentaires, cultivant la terre, ayant des maisons et des villes.

D'après le *Peï ché* le royaume des Po lou était au nord-ouest d'Akéou tçiang, et le royaume d'Akéou tçiang était au sud-ouest de Cha tçiu; dans l'ouest d'Akéou tçiang̃ se trouvaient des montagnes à passages suspendus, ce qui s'accorde avec l'assertion contenue dans les Annales des ʿHann que «dans l'ouest du royaume d'Ou tcha il y a des passages suspendus». Le royaume d'Akéou tçiang̃ devait donc être bien proche du Badakʿchan actuel. Les Po lou de l'époque des Oueï étaient au nord-ouest d'Akéou tçiang̃, c'est-à-dire au nord-ouest de l'actuel Badakʿchan. Les descriptions données s'accordent parfaitement, et d'ailleurs Po lou et Pou lou sont synonymes: la seule différence que l'on peut remarquer entre ces deux noms vient de ce que les mots étrangers n'ont pas de prononciation bien établie. Ces noms se sont transmis de bouche en bouche et ont fini par se corrompre à la longue, et si on peut les identifier avec les anciennes appellations, c'est que celles-ci ont continué à subsister.

II. Horde des Bourouts occidentaux[1]

Description générale.

Le territoire des Bourouts occidentaux est à trois cents li au nord-ouest de Kachgar. La route qui y conduit passe par les Tsʿong̃ ling̃ et Och. Il est situé en face de celui des Bourouts orientaux.

La horde des Bourouts occidentaux comprend en tout quinze tribus dont les plus importantes sont les quatre

[1] Noms divers des Bourouts occidentaux d'après les tableaux chronologiques : Sous les ʿHann 休循國 Chiéou sounn kouo; sous les Oueï septentrionaux 者至拔國 Tcho tché pa kouo; sous les Tʿang̃ 鳥飛州 Niao feï tchéou.

suivantes : 1° celle qui occupe l'otok d'Edghena; 2° celle qui occupe l'otok de Mongkordor, sous les ordres d'Adzi bi; elle se compose de sept cents familles environ; 3° celle qui occupe l'otok de Dzirik, sous les ordres de Youmat; elle comprend environ deux cents familles; 4° enfin celle de Basto, qui obéit à Kordchou, et se compose de treize cents familles.

Encore que la horde soit ainsi divisée en plusieurs tribus, elle n'en habite pas moins un seul territoire, qui, au sud-est, s'appuie aux Ts'ong ling, et, à l'ouest, s'étend jusqu'au K'anat de Bok'ara. Elle se compose en tout de deux cent mille hommes qui vivent en nomades et vont là où il y a de l'eau et des pâturages.

Son territoire était, à l'époque des 'Hann, celui des Chiéou tounn et des Tçuann tou.

Pendant longtemps les Bourouts occidentaux songèrent à faire leur soumission, mais ils en furent empêchés par les tribus Dzongares.

Histoire contemporaine.

Durant la vingt-quatrième année Tç'ienn long (1759), le maréchal Tchao 'Houeï, ayant conquis et pacifié la Kachgarie, et poursuivant les débris des rebelles, traversa le territoire des Bourouts. Apprenant que ces tribus demandaient à faire leur soumission, il leur envoya Taktana, officier de la garde impériale, pour la recevoir.

Adzi bi[1] dit en recevant la lettre du maréchal : «Moi,

[1] *Bi*, en chinois 比 *pi*, est une abréviation de Beik, beg, en chinois 伯克 po k'o.

Adzi bi, qui commande aux Bourouts de la tribu d'Edghena, je souhaite respectueusement une longue vie à l'empereur que je vénère autant que le ciel qui nous couvre; sa grandeur n'a pas d'égale, elle domine l'espace compris entre les quatre mers. Le maréchal que l'empereur Tç'ienn long a bien voulu envoyer, m'a fait parvenir de Kachgar un décret et un sceau, lesquels j'ai reçus avec le plus grand respect : j'en ressens une joie immense. Il faut que je réunisse les deux cent mille hommes de la horde des Bourouts qui sont épars depuis Bok'ara jusque dans l'est, et les rende sujets de l'empereur. »

Le maréchal Tchao 'Houeï loua beaucoup sa sincérité, et Adzi bi ayant adressé à l'empereur une pétition qui fut admise, toutes les tribus, au nombre de quinze, de la horde des Bourouts, firent leur soumission. Les chefs de ces tribus, qui n'avaient pas encore eu la petite vérole, n'osèrent pas se rendre en Chine : il n'y eut que K'outali, frère aîné de Youmat, qui se rendit à la capitale (Péking). Il fut reçu à la villa de P'ann chann tsing tçi par l'empereur qui l'invita à un festin et lui fit visiter le Nann yuann et voir des feux d'artifice.

Au mois de janvier de la vingt-cinquième année (1760), Adzi bi, de la tribu d'Edghena, envoya un ambassadeur, nommé Sira Makas, présenter ses hommages à l'empereur. Celui-ci l'invita à un festin. Au huitième mois de la même année (septembre 1760), l'empereur envoya Sonom, officier de la garde impériale, porter une lettre à Adzi bi qui la reçut selon les rites.

La vingt-septième année (1762), le pays d'Ossé (Uz), placé sous la domination d'Adzi bi, fut ravagé et conquis par Erdeni, k'an de Kokand. L'empereur ordonna à Yonḡ Koueï, ministre gouvernant les nouvelles frontières, d'envoyer à Erdeni une dépêche lui enjoignant de restituer à Adzi le territoire qu'il lui avait enlevé.

Le pays occupé par les Bourouts occidentaux s'étend entre le 40° 1' latitude nord et le 30°; il s'étend du 43° 31' au 46° 30' longitude ouest de la capitale (Pékinḡ).

La vingt-huitième année (1763), Aoual bi, chef d'une autre tribu Bourout, voulut entrer en-deça des frontières pour y vivre d'une vie nomade avec toute sa tribu, et ne s'occuper que de chercher des pâturages. L'empereur lui adressa des éloges et lui conféra le bouton de quatrième rang.

Extrait des Annales sur le pays des Bourouts occidentaux.

I. Extrait des Annales des 'Hann, Description du Si yu. Le roi du pays de Chiéou tounn réside dans la vallée de Niao feï (vol d'oiseau), à l'ouest des Ts'onḡ linḡ; cet endroit est à dix mille deux cent dix li de Tch'anḡ ann; à trois mille cent vingt et un li de la résidence du gouvernement général du Si yu; à deux cent soixante li de la vallée Yenn tounn de Sounn tou; à neuf cent vingt li du royaume de Ta yuann qui s'en trouve au nord-ouest; à mille six cent dix li des grands Yué ti qui en sont à l'ouest.

Les mœurs et les coutumes des habitants sont semblables à celles des Ou sounn; il en est de même des costumes. La population est nomade et va là où il y a de l'eau et des pâturages.

Le souverain du royaume de Tçuann tou réside dans la vallée de Yenn tounn, à neuf mille huit cent soixante li de Tch'ang ann, à deux mille huit cent soixante et un li de la résidence du gouvernement général du Si yu; les Ts'ong ling en sont à l'ouest, une fois qu'on les gravit on entre dans le royaume de Chiéou tounn. Cet état est à mille trente li du royaume de Ta yuann qui s'en trouve à l'ouest; au nord il est limitrophe des Ou sounn.

Les habillements et costumes des habitants du royaume de Tçuann tou sont semblables à ceux des Ou sounn; ces habitants sont nomades et cherchent les endroits où il y a de l'eau et des pâturages.

Observations.

Selon les Annales des 'Hann les états de Chiéou tounn et de Tçuann tou étaient situés de chaque côté des Ts'ong ling, et dépendaient l'un de l'autre : or la région qui comprend Kachgar et Och est située aussi sur les versants des Ts'ong ling; les états de Chiéou tounn et de Tçuann tou devaient donc se trouver à la base nord-ouest de ces mêmes montagnes. L'historien Pann[1] dit qu'on gravit à l'ouest les pentes des Ts'ong ling : en effet en passant par le défilé d'Och on débouche au pied des Ts'ong ling, là où réside la tribu

[1] C'est le célèbre 班固 Pann Kou, de la dynastie des 'Hann, auteur du 'Hann chou ou Annales des 'Hann.

de Mongkordor de la horde actuelle des Bourouts occidentaux. La route qui passe par Och débouchant au pied des Ts'ong̃ ling̃, cette tribu doit en être juste au pied, et son territoire doit être celui qu'occupaient jadis les états de Chiéou tounn et de Tçuann tou. Ce territoire, situé au sud-est d'Andidchan, de Kokand et autres états qui ont des villes et des cités, répond à la description donnée par l'historien Pann : selon celui-ci, en effet, en allant dans la direction du nord-ouest on arrive au royaume de Ta yuann. De plus les Ou sounn repoussèrent dans l'ouest les Yué ti et s'établirent dans cette contrée.

Les frontières des deux royaumes de Chiéou tounn et de Tçuann tou étaient contigues : ce dernier touchait au sud au Sou lo et au nord il était limitrophe des frontières des Ou sounn, des Tçiu yéou et des Yué ti, aussi les mœurs de ses habitants, de même que leur manière de se vêtir, étaient-elles semblables à celles des Ou sounn.

Ce territoire, avant d'appartenir au Yué ti, avait été le patrimoine du roi de Saï; nous en avons la preuve par la situation respective des lieux : au nord étaient les Ou sounn, les Tçiu yéou et les Yué ti, au sud se trouvait Tçuann tou, à l'ouest de ce dernier était Chiéou tounn; le royaume de Ta yuann devait être situé au nord-ouest de ces deux derniers états, et par suite devait toucher à l'est aux territoires des Ou sounn, des Tçiu yéou et des Yué ti. Ces divers territoires devaient être le pays qu'occupent actuellement les Bourouts orientaux et les deux royaumes de Chiéou tounn et de Tçuann tou, celui où résident les Bourouts occidentaux, qui, aujourd'hui, sont des tribus sans demeures fixes. Les vestiges de l'antiquité et les mœurs et coutumes le prouvent.

De plus les deux états de Chiéou tounn et de Tçuann tou n'étaient séparés que par un espace de trois cents li, le premier étant à trois mille cent vingt et un li de la résidence du gouvernement général du Si yu, et le second en étant à deux mille huit soixante et un li.

Ces deux états devaient avoir une population à peu près égale : leur territoire ne dépassait pas six cents li; il devait être égal à celui qu'occupent de nos jours les tribus Bourouts de Mongkordor, de Dzirik, et de Basto.

NOTICE SUR LE K'ANAT DE KOKAND[1]

I. Kokand

Description générale.

Kokand est situé à sept cent quatre-vingt li au nord-ouest d'Och, à huit cent quatre-vingt li au nord-ouest de Kachgar; à l'est, son territoire est enclavé dans celui des tribus Bourouts.

A l'est de Kokand se trouvent Marghinân, Andidchan, et au nord-est Namangân : toutes ces villes sont murées.

Le territoire de ces quatre villes est plat : il s'appuie au sud aux Ts'ong̃ ling̃. La rivière Naryn le longe au nord. Cette rivière vient des frontières de la contrée habitée par la horde des tribus orientaux et coule dans la direction de l'ouest : elle passe au nord d'Andidchan, de Marghinân, et de Namangân, puis, continuant son cours vers l'ouest, passe au sud de Kokand. De là elle se dirige vers le nord-ouest, coule au nord de Samarkand, puis, tournant au sud-est va se jeter dans le Darigganga (Mer d'Aral).

[1] Noms sous lequels le K'anat de Kokand a été connu des Chinois aux différentes époques de l'histoire : Sous les 'Hann, les Sann kouo et les Tsinn 大宛 Ta yuann; sous les Oueï septentrionaux 洛那國 royaume de Lo na; sous les Soueï 鏺汗 P'o 'hann; sous les T'ang̃ 寧遠 Ning̃ yuann.

Tous les cours d'eau qui prennent leur source dans les montagnes méridionales et septentrionales viennent tous se jeter dans le Naryn : cette rivière poursuit son cours sinueux au travers des territoires des différentes villes de la contrée.

Le sol du pays de Kokand est gras, riche et fertile; le climat en est tempéré et la population nombreuse. Les troupeaux qu'on mène paître y ont un aspect florissant. Les habitants appartiennent à la même race que les Bourouts : ils pratiquent la religion musulmane et parlent la langue persane.

Le territoire de Kokand est l'ancien royaume de Ta yuann, toutes les villes y sont gouvernées par des begs, mais le beg Erdeni de Kokand en est le chef: tous les autres lui obéissent.

Histoire contemporaine.

La vingt-quatrième année Tç'ienn long (1759), le maréchal Tchao 'Houeï, poursuivant K'odzidchan, envoya l'officier de la garde impériale Taktana soumettre les hordes des Bourouts. Cet officier poussa jusqu'à Kokand. A la nouvelle de son approche, le beg Erdeni envoya plusieurs officiers pour le recevoir, et, durant tout son séjour, lui fit présent chaque jour de moutons, de courges, de fruits de toutes sortes, de vins, de riz, de tapis, de chevaux, etc. Le k'an était joyeux de reconnaître la suzeraineté de l'empereur de la Chine et agissait en tout avec un respect véritable pour lui.

Lorsque Taktana s'en retourna, le k'an ordonna au

chef Tokto Mahomet de se rendre au camp du maréchal, porteur d'une pétition respectueuse adressée à l'empereur, et d'une lettre destinée au maréchal. Cette dernière était conçue en ces termes:

«Au maréchal très puissant et très brave, commissaire impérial commandant les forces de sa Majesté l'empereur de la Chine, le beg Erdeni, salut.

«Grâce aux bienfaits du Ciel qui nous domine, à l'immense bonheur de l'empereur, nous avons tous obtenu une tranquillité parfaite. Nous avons appris, il y a quelque temps déjà, qu'après être parvenu à Yarkand et à Kachgar, le maréchal avait pacifié toutes les hordes des Bourouts et des K'azaks, et nous nous étions hâté de lui adresser une lettre de félicitation : il paraît qu'elle ne lui est pas parvenue. Heureusement qu'un officier de la garde impériale nous a apporté une lettre du maréchal: nous avons pu alors nous reconnaître sujets de Sa Majesté. Nous pourrons, ainsi placés sous son égide, jouir d'une existence et d'une paix éternelles : aussi rien ne peut égaler notre joie, rien ne peut servir à exprimer nos remerçîments.»

Là dessus les quatre villes firent leur soumission. Au mois de janvier de la vingt cinquième année (février 1760) le beg Erdeni envoya à la cour Tokto Mahomet, beg d'Andidchan. (Les détails sur cette ambassade sont donnés dans la notice relative à Andidchan.)

Au neuvième mois de la même année (octobre 1760) le beg Erdeni envoya un ambassadeur chargé d'offrir des chevaux en tribut.

La vingt-septième année (1762) il envoya en tribut un aigle blanc.

La vingt-huitième année (1763), le beg Erdeni voulut placer le pays des nouvelles frontières sous son autorité, mais le ministre Yong̃ koueï lui enjoignit de restituer les territoires dont il s'était déjà emparé, et qu'il avait enlevés aux hordes Bourouts.

La vingt-neuvième année (1764) l'empereur fit au beg Erdeni l'honneur de lui adresser une dépêche pour l'inviter à ne pas avoir de relations avec les rebelles Ichak, beg de Kachgar, et l'Imam Abdallah.

Cette même année (1764) le tribut consista en un Po'haï ts'ing̃[1].

La trente-cinquième année (1770) le beg Erdeni mourut. Son neveu Naroubadou lui succéda par droit héréditaire. Naroubadou envoya un ambassadeur offrir en tribut un plateau de la fontaine du Dragon[2].

Le territoire de Kokand est situé par le 41° 23′ latitude nord, et le 45° 56′ longitude ouest de la capitale (Peking̃).

Extraits des Annales sur Kokand.

I. Extrait du Ché tçi, Description du pays de Ta yuann. Le pays de Ta yuann est au sud-ouest des

[1] D'après le 清文鑑 *Ts'ing̃ ouenn tçienn* ou Miroir de la langue mandchoue, le 白海青 Po 'haï ts'ing̃ est un oiseau plus grand que le 海青 'Haï ts'ing̃ (*Chongkon* en mandchou = Gerfaut, falco caudicam). Les plumes du dos de cet oiseau sont blanches comme la neige; aussi le nomme-t-on le 'Haï ts'ing̃ blanc, en mandchou *Chaniyan chongkon*.

[2] Nous traduisons 龍泉盤子, mais nous ignorons ce que cela peut être : serait-ce le nom d'une vaisselle particulière à la contrée?

Chiong̃ nou (Huns), juste à l'ouest du royaume des ʿHann. Il est à dix mille li environ de ce dernier état.

Les habitants en sont sédentaires[1] et se livrent à la culture des champs; ils ont des maisons et des villes murées. Le pays de Ta yuann renferme soixante dix villes environ, tant grandes que petites.

Au nord du Ta yuann se trouve le Kʿang̃ tçiu (Sogdiane); à l'ouest est le pays des grands Yué ti (Gètes); au sud-ouest le Ta chia (Bactriane); au nord-est le pays des Ou sounn, à l'est le Yu tienn (Kʿoten).

II. Extrait des Annales des ʿHann, Description du Si yu. La capitale du royaume de Ta yuann est la ville de Koueï chann : elle est à douze mille cinq cent cinquante li de Tchʿang̃ ann. Du côté de l'est, elle est à quatre mille trente et un li de la résidence du gouvernement général du Si yu; du côté du nord elle est à mille cinq cent dix li du Kʿang̃ tçiu (Sogdiane) et de Pi tchenn; du côté du sud-ouest elle est à six cent quatre-vingt dix li du pays des grands Yué ti (Gètes).

Le royaume de Ta yuann est limitrophe, au nord, du Kʿang̃ tçiu (Sogdiane), au sud, des grands Yué ti (Gètes). Il renferme soixante dix villes environ. Il produit beaucoup d'excellents chevaux. Lorsque Tchʿang

[1] 土著 expression que le commentaire de Yenn Ché-kou explique ainsi : 土著者謂有城郭常居不隨畜牧移徙也.

Tç'ienn[1] eût parlé de ces coursiers à Vou ti, celui-ci envoya un ambassadeur porteur de mille pièces d'or et de petits chevaux en or, pour en demander plusieurs. Le roi de Ta yuann ne voulut pas en donner, et il fit même mettre à mort l'ambassadeur des 'Hann qui lui avait adressé quelques paroles grossières. L'empereur envoya alors contre lui Li kouang̃-li, général d'Eul ché[2], pour le châtier; les habitants du Ta yuann coupèrent la tête à leur roi Mou koua et offrirent au général chinois trois mille chevaux : l'armée effectua alors son retour.

III. Extrait des Annales des Tsinn, Description du pays des Si jong̃ (barbares de l'ouest). Le royaume de Ta yuann est à treize mille trois cent cinquante li de Lo yang̃[3] : au sud il s'étend jusqu'au pays des grands Yué ti (Gètes); au nord il touche au K'ang̃ tçiu (Sogdiane). Il renferme environ soixante dix villes de toutes grandeurs.

La sixième année T'aï k'ang̃ (285 de notre ère), Vou ti, envoya en ambassade Yang̃ 'hao saluer le roi

[1] Tchang̃ Tç'ienn, ministre de Vou ti des 'Hann, fut envoyé par celui-ci en ambassade chez les Yué ti : fait prisonnier par les Chiong̃ nou et retenu par eux pendant de longues années, il ne parvint qu'à grand' peine à revenir dans sa patrie. C'est lui qui a introduit la vigne en Chine. Voyez plus haut note 2, page 130.

[2] Le général 李廣利 Li Kouang̃-li fit cette expédition en l'an 104 av. J.-Ch. Après plusieurs vicissitudes, il réussit dans ses projets et s'empara de la ville de 貳師 Eul ché : à son retour, il reçut le titre de 貳師將軍 général (vainqueur) d'Eul ché.

[3] 洛陽 Lo yang̃, capitale du royaume des Tsinn.

Lann yu comme souverain du Ta yuann. Lann yu étant mort, son fils Mo tché lui succéda : il envoya un ambassadeur offrir en tribut des chevaux qui suaient du sang[1].

IV. Extrait des Annales des Oueï, Description du Si yu. Le royaume de Lo na[2] est l'ancien royaume de Ta yuann; il a pour capitale la ville de Koueï chann. Il est situé au nord-ouest de Sou lo, à quatorze mille quatre cent cinquante li. La troisième année T'aï 'ho (229), ce pays envoya à la cour un ambassadeur offrir des chevaux qui suaient du sang. Dès lors il ne cessa d'envoyer tribut.

V. Extrait des Annales des T'ang, Description du Si yu. Le royaume de Ning yuann portait autrefois les noms de Po 'hann na et de Po 'hann[3] : on l'appelait P'o lo na[4] à l'époque des Oueï.

Cet état est à huit mille li de la capitale : la ville de Si tçienn, située au nord de la rivière de Tchenn tchou, en est la capitale. Il comprend six grandes villes et cent autres petites.

Durant les années Tcheng kouann (627 à 650) le roi de ce pays, Tçi pi, fut tué par Kann mo 'houo tchou des T'ou tçué (Turcs) occidentaux; A pi na chou t'o

[1] 汗血馬.
[2] 洛那 Lo na.
[3] 柀汗那 et 鏺汗 Po 'hann na et Po 'hann.
[4] 破落那 P'o lo na.

s'empara de sa capitale : son fils O po tché fit élire roi A léao ts'ann, fils du frère aîné de Tçi pi : celui-ci s'établit dans la ville de 'Hou meunn tandis que O po tché résida à K'o saï.

Au commencement de l'année Chienn tç'ing (656) O po tché envoya un ambassadeur offrir tribut; la troisième année (658) la ville de K'o saï et son territoire furent érigés en Gouvernement de Chiéou tounn, dont A léao ts'ann fut nommé gouverneur. Aussi chaque année des tributs furent-ils envoyés. La sixième année T'ienn pao (747) on changea le nom de cet état en celui de Ning̃ yuann.

Observations.

Nous voyons dans les Annales des 'Hann que la route qui part de Tch'o ché, longe les montagnes au nord et, se dirigeant vers l'ouest, arrive au pays de Sou lo, est la route septentrionale; elle traverse à l'ouest les Ts'ong̃ ling̃ et débouche dans les états de Ta yuann, de K'ang̃ tçiu et de Yenn ts'aï. Le Kachgar de nos jours est l'ancien Sou lo; une fois qu'on a traversé les Ts'ong̃ ling̃ on passe nécessairement par le pays d'Och. Cette route est évidemment celle dont parlent les Annales des 'Hann et qui, partant de Sou lo, traversait à l'ouest les Ts'ong̃ ling̃ et débouchait dans le Ta yuann.

Le royaume de Chiéou tounn dont parlent les Annales des 'Hann était à l'ouest des Ts'ong̃ ling̃; celui de Tçuann tou était voisin des Ts'ong̃ ling̃ : au nord-ouest se trouvait le Ta yuann, un peu à l'est duquel était situé le Tçuann tou; la partie septentrionale de ce dernier était limitrophe du territoire des Ou sounn : D'après cela on peut calculer le chemin que prenait la route traversant Och et les Ts'onḡ linḡ.

Au nord-ouest des Ts'onḡ linḡ se trouvait le Chiéou tounn, et au nord-ouest de ce dernier royaume était situé le Ta yuann. Les deux pays de Chiéou tounn et de Tçuann tou formaient la région qu'occupent actuellement les hordes Bourouts. (Voyez la notice précédente.)

En allant encore vers le nord-ouest on trouve les pays d'Andidchan, de Marghinân, de Kokand, de Namangân et de Tachkend qui tous sont des états sédentaires possédant villes et cités. La description qu'on fait de ces divers pays s'accorde avec celle du Ta yuann donnée par le *Ché tçi* : il n'y a donc pas de doute sur l'identité de ces divers pays avec le royaume de Ta yuann.

Les Annales des Oueï, considérant le pays de Lo na comme étant l'ancien Ta yuann, disent qu'il était situé au nord-ouest de Sou lo; le royaume de Po 'hann na des T'anḡ dont on changea plus tard le nom en celui de Ninḡ yuann, répondait à celui de P'o lo na des Oueï, et ces deux états sont identifiés avec le Ta yuann de l'antiquité.

Ce royaume de Ninḡ yuann était, selon les annales des T'anḡ, limitrophe des Ts'onḡ linḡ au sud, et du pays des T'ou tçué (turcs) occidentaux à l'est : c'est ce qui explique comment ces T'ou tçué occidentaux purent envahir le royaume de Ning̃ yuann et en tuer le roi Tçi pi; et de plus, comme ces mêmes annales identifient le territoire de la ville de K'o saï avec le gouvernement de Chiéou tounn, les frontières de ce dernier devaient se trouver au nord des Ts'onĝ linĝ. Ce territoire est la contrée actuelle d'Andidchan : sous les 'Hann, il porta le nom de Ta yuann et sous les T'anĝ celui de Ninĝ yuann.

La préface des poésies composées par l'empereur dit: «Selon le *Ché tçi*, le royaume de Ta yuann avait des villes et des cités, ce qui prouve que les pays mahométans de nos jours ne sont pas la même chose que les pays des hordes K'azaks.»

Après avoir médité les instructions impériales et examiné la situation des lieux, nous trouvons que les pays mahométans, tels que la région de Yarkand, voisine des Ts'onĝ linĝ, encore qu'ils ne soient pas éloignés de la région qui correspond au Ta yuann de l'époque des 'Hann, est néanmoins de ce côté-ci des Ts'onĝ linĝ, tandis que les pays de Kokand, d'Andidchan etc., qui sont également musulmans, en sont de l'autre côté.

D'après les annales et les documents historiques et l'état des lieux, il n'y a point de doute que ces états ne soient le Ta yuann de l'antiquité.

II. Andidchan.

Description générale.

Andidchan est à trois cent quatre-vingts li à l'est de Kokand, à quatre cents li d'Och qui en est au sud-est, à cinq cents li de Kachgar.

Au nord-ouest d'Andidchan se trouve Namangân, à l'ouest Marghinân; son territoire, baigné au nord par la rivière Naryn, touche aux Ts'onḡ linḡ au sud.

Histoire contemporaine.

Le beg d'Andidchan fit sa soumission la vingt-quatrième année Tç'ienn lonḡ (1759), lorsque le maréchal (Tchao 'Houeï) lui envoya une dépêche ordonnant de s'emparer de K'odzidchan. A cette occasion il envoya un ambassadeur qui fut reçu par l'empereur.

Le frère cadet de Tokto Mahomet, beg de la ville d'Andidchan, vint à la capitale (Pékinḡ) et fut invité à un festin impérial à Ynḡ t'aï[1], au mois de janvier de la vingt-cinquième année (février 1760).

[1] 瀛臺 Ynḡ t'aï, jardin réservé situé sur les bords du grand lac qui se trouve au centre du jardin de l'ouest (Si yuann) dans la partie occidentale de la ville impériale ('Houanḡ tch'enḡ) à Pékinḡ. «Il y a là une salle du trône à cinq entre-colonnements, et à l'extrémité d'une chaussée de pierre une quantité d'édifices que l'on nomme Ynḡ t'aï, entourés d'eau de trois côtés. Là, des rocs élevés transportés de main d'homme égalent en hauteur les plus hauts arbres, dont la plupart, lorsqu'ils sont en fleur, parfument au loin les airs; les bois sont disposés par la nature même de la façon la plus pittoresque. L'empereur se rend souvent en ce lieu pour s'occuper d'affaires ou pour s'y livrer au repos».

Le territoire d'Andidchan est situé par le 41° 28' latitude nord, et le 44° 35' longitude ouest de la capitale (Pékinḡ).

III. Marghinan.

Description générale.

Marghinân est à quatre cent quatre-vingts li à l'ouest d'Andidchan. Son territoire est baigné au nord par la rivière Naryn; il est limitrophe d'Andidchan à l'est et s'appuie sur les Ts'onḡ linḡ au sud. Dans sa partie occidentale coule une rivière qui, après être sortie du massif septentrional des Ts'onḡ linḡ, dirige son cours vers le nord et va se jeter dans la rivière Naryn.

Histoire contemporaine.

La vingt-quatrième année Tç'ienn lonḡ (1759) le beg de Marghinân, Iras k'ouli baï, fit sa soumission, lorsque l'officier de la garde impériale Taktana arriva à sa capitale.

Le territoire de Marghinân est situé par le 41° 24' latitude nord, et le 45° 10' longitude ouest de la capitale (Pékinḡ).

IV. Namangan.

Description générale.

Namangân est à quatre-vingts li au nord-ouest de la ville de Marghinân, à égale distance au nord-est de la ville de Kokand. Son territoire est baigné au sud par la rivière Naryn; dans sa partie orientale et dans sa partie occidentale coulent des rivières qui prennent leurs sources dans les monts septentrionaux, poursuivent leurs cours dans la direction du sud et vont se jeter dans la rivière Naryn. La partie nord-est est enclavée dans le territoire des hordes Bourouts.

Histoire contemporaine.

Le beg de Namangân fit sa soumission en même temps que ceux de Kokand et d'Andidchan.

Le territoire de Namangân est situé par le 41° 38′ latitude nord, et le 45° 40′ longitude ouest de la capitale (Pékinḡ). Lorsqu'on a fait cinquante li dans la direction de l'est et traversé la rivière, on trouve Tarkan.

Observations.

Les villes de Kokand, d'Andidchan, de Marghinân et de Namangân, qui sont situées de chaque côté de la rivière Naryn, doivent être les soixante-dix villes dont parlent les Annales des ʻHann, et les six grandes villes et cent petites villes du royaume de Ninḡ yuann dont les Annales des Tʻanḡ font mention. On peut voir dans la notice précédente sur Kokand ce qui en a été dit.

A la frontière sud-ouest du royaume de Ninḡ yuann ou de Pʻo lo na, étaient les divers états de Tsʻao, de Ché, de Kʻanḡ, de Mi, ou les cinq petits états dépendant du Kʻanḡ tçiu (Sogdiane), qui furent conquis par les Chionḡ nou et les Tʻou tçué, à l'époque des T'anḡ: ces divers états devaient se trouver à l'ouest des villes d'Andidchan et autres dont nous venons de parler. On trouve des détails sur eux dans les Annales des Oueï septentrionaux, des Soueï, des T'ang̃, desquelles nous avons tiré les extraits suivants.

Extraits des Annales.

I. Extrait du Peï ché. Description du Si yu. Les habitants du royaume de K'ang̃ sont les descendants de ceux du royaume de K'ang̃ tçiu (Sogdiane) : ils sont nomades, et, n'ayant pas de demeures fixes, ne sont pas toujours sur le territoire qu'ils habitaient autrefois; ils ont ainsi existé depuis l'époque de la dynastie des Hann jusqu'à nos jours.

Leur roi s'appelait à l'origine Ouenn; il était de la race des Yuè ti (Gètes) : il résidait autrefois dans la ville de Tchao vou, au nord des monts Tçi lienn, mais, battu par les Chiong̃ nou (Huns) il traversa les Ts'ong̃ ling̃ à l'ouest et fonda un état qui se composa de plusieurs royaumes feudataires. Voilà pourquoi tous les souverains des états situés à droite et à gauche du royaume de K'ang avaient tous le nom de famille de Tchao vou pour rappeler leur origine[1].

Le roi, qui a le surnom de Ché fou pi, a pour femme la fille du roi des T'ou tçué (Turcs) Tatou. Sa capitale est la ville d'Alouti, située sur les bords de la rivière Sa pao. Cet état est réputé puissant : la plupart des autres royaumes du Si yu reconnaissent sa suzeraineté.

[1] 昭武 *Tchao vou* signifie Guerrier illustre. C'est l'équivalent du persan *pehlvân* : ces souverains étaient de la famille des Arsacides.

Ce ne fut que durant les années Ta yé (605—617) qu'il envoya un ambassadeur offrir en tribut des productions du pays.

La capitale de l'état de Mi est située sur l'ancien territoire de K'anğ tçiu, à l'ouest de la rivière de Na mi. Cet état n'a pas de roi : son chef, vassal du royaume de K'anğ, porte le nom de famille de Tchao vou, et le surnom de Pi tchouo.

La capitale a deux li carrés; elle est à cinq cents li du royaume de Sou toueï cha na qui en est au nord-ouest, à deux cents li du royaume de Ché qui en est au sud-ouest; du côté de l'est il est à six mille quatre cents li de Koua tchèou. Cet état envoya en tribut des productions du pays durant les années Ta yé.

La capitale du royaume de Ché est située au sud de la rivière Tou ts'ao, sur l'ancien territoire de K'anğ tçiu; le roi de ce pays est de la famille de Tchao vou et porte le surnom de Ti tchou : il est aussi vassal du royaume de K'anğ.

La capitale a deux li carrés : elle est à deux cent quarante li du royaume de K'anğ qui s'en trouve au nord; à deux cents li de T'ou 'houo lo[1] qui en est au sud; du côté de l'ouest elle est à deux cents li du royaume de Na cho po; du côté du nord elle est à deux cents li du royaume de Mi; enfin du côté du nord-est elle est à égale distance du même état. Elle est éloignée de six mille cinq cents li de Koua tchéou. Durant les

[1] T'ou 'houo lo; ce sont les Tok'ari des anciens géographes dans le Tok'arestan, au sud de l'Oxus supérieur, au nord de l'Indoukouh.

années Ta yè (605—617) ce pays envoya un ambassadeur offrir en tribut des productions du pays.

La capitale du royaume de Ts'ao est à quelques li de la rivière Na mi, sur l'ancien territoire de K'ang tçiu : cet état n'a pas de chef, il est gouverné par Vou tçienn, fils du roi de K'ang, qui l'a délégué à cet effet.

La capitale a trois li carrés : du côté du sud-est elle est à cent li du royaume de K'ang; du côté de l'ouest elle se trouve à cent cinquante li du royaume de 'Ho; enfin elle est à six mille six cents li de Koua tchéou qui en est à l'est. Durant les années Ta yè (605—617) ce pays envoya un ambassadeur offrir en tribut des productions du pays.

La capitale du royaume de 'Ho est sur l'ancien territoire de K'ang tçiu, à quelques li de la rivière Na mi. Son roi porte le nom de Tchao vou et est aussi de la race des rois de K'ang.

La capitale a deux li carrés : elle est à cent cinquante li du royaume de Ts'ao qui en est à l'est; du côté de l'ouest elle est à trois cents li du royaume de Siao niu[1]. Enfin elle est à six mille sept cent cinquante li de Koua tchéou. Ce pays envoya un ambassadeur offrir en tribut des productions du pays durant les années Ta yè (605—617).

II. Extrait des Annales des T'ang. Description des Si jong. Le royaume de K'ang est aussi appelé Sa mou

[1] 小女國 Siao niu Kouo, le royaume des petites femmes.

tçienn, et Sa mo tçienn[1], c'est le Si ouann tçinn[2] des Oueï. Il est à cent cinquante li du royaume de Ché qui en est au sud, à environ cent li du Ts'ao oriental qui s'en trouve au nord-ouest; du côté du sud-est il est à cent li du royaume de Mi; du côté du nord il est à cinquante li du Ts'ao central.

Cet état est situé au sud de la rivière Na mi : il comprend trente grandes villes, et trois cents petits bourgs. Le nom de famille du roi est Ouenn : il est de la race des Yuè ti (Gètes). Ce roi résidait autrefois dans la ville de Tchao vou, au nord des monts Tçi lienn, mais, battu par les T'ou tçué (Turcs) il se retira un peu au sud vers les Ts'onḡ linḡ où il fonda le royaume de K'anḡ. Il a neuf vassaux qui portent tous le nom de famille de Tchao vou : leurs états sont : Ann, Ts'ao, Ché, Mi, 'Ho, 'Houo, Siunn, Vou ti, Chê.

A l'époque des Soueï, Tçiu mou tché, roi de ce pays, épousa une fille des T'ou tçué (Turcs) occidentaux : dans la suite il soumit ces derniers.

La dixième année Vou to (627) cet état envoya un ambassadeur à la cour; durant les années Yonḡ 'houeï de l'empereur Kao tsonḡ (650—656) il fut érigé en gouvernement de K'anḡ tçiu.

Le Ts'ao oriental porte aussi les noms de Chouaï tou cha na, Sou toueï cha na, Tçié pou tsié na, Sou tou ché t'o. Il est au nord des monts P'o si : c'est le ter-

[1] 薩末鞬 Sa mou tçienn (kienn), 颯秣建 Sa mo tçienn (kienn) = Samarkand.

[2] 悉萬斤 Si ouann tçinn (kinn).

ritoire où était située la ville de Eul ché de l'époque des ʿHann. Il est à deux cents li de Tçiu tchann tʿi qui en est au nord-est; les états de Ché au nord, de Kʿang à l'ouest, de Ning̃ yuann au nord-est, en sont tous à quatre cents li environ. Le royaume de Tʿou ʿhouo lo qui est au sud du Tsʿao oriental en est à cinq cents li. Durant les années Vou to (618—627) il envoya un ambassadeur à la cour, en même temps que le royaume de Kʿang̃.

Le Tsʿao occidental est le Tsʿao de l'époque des Soueï. Il touche au sud au royaume de Ché et à celui de Pʿo lann : la capitale est la ville de Cho ti ʿhenn. Un ambassadeur de ce pays vint à la cour dans les années Vou to (618—627). La première année Tʿienn pao (742) le Tsʿao envoya en tribut des productions du pays.

Le Tsʿao central est à l'est du Tsʿao occidental, au nord du Kʿang̃; son souverain réside dans la ville de Tçia ti tchenn.

Le pays de Mi, qu'on appelle aussi Mi mo ou Mi mo ʿho, est à cent li de Kʿang̃; son souverain réside dans la ville de Po si to. Durant les années Yong̃ ʿhoueï (650—656), il fut battu par les Ta ché; la troisième année Chienn tçʿing̃ (658) son pays fut érigé en Nann y tchéou, et dès lors il ne cessa d'envoyer tribut.

Le pays de ʿHo, que l'on appelle aussi Tçiu siang̃ ni tçia ou Koueï siang̃ tʿo : c'est l'ancien territoire où se trouvaient les frontières de Fou mo du Kʿang̃ tçiu.

Le pays de Ché, appelé aussi Tçiu cha ou Tçié siang̃ na, est situé au sud de la rivière Tou mo; c'est l'ancien territoire de la ville de Sou chié du K'ang̃ tçiu. Il est situé à cent cinquante li de Na cho p'o, qui en est à l'ouest; du côté du nord il est à deux cents li de Mi, et du côté du sud à quatre cents li de T'ou 'houo lo.

Observations.

Le royaume de T'ou 'houo lo, qui, selon les Annales des 'Hann, était situé à l'ouest des Ts'ong̃ ling̃, au sud de la rivière Ou 'hou, est l'ancien territoire de Ta chia (Bactriane). Le pays de Na cho p'o, que l'on appelle aussi Siao ché, était situé sur le territoire de T'o 'houo lo : il s'appuie à l'est aux Ts'ong̃ ling̃ et correspond au royaume de Ché. Au sud il est limitrophe du royaume de T'ou 'houo lo : aussi lisons-nous dans le *Peï ché* que le royaume de Ché est à cinq cents li de T'ou 'houo lo; ce royaume de Ché était donc au nord-ouest des Ts'ong̃ ling̃.

Le royaume de Mi, dont parle le *Peï ché*, était à deux cents li du royaume de Ché qui s'en trouvait au sud-ouest, et le royaume de Ché était à deux cents li du royaume de Mi, dans la direction du nord et du nord-est. D'après les Annales des T'ang̃ le royaume de Mi était à deux cents li au nord de celui de Ché, et par suite au nord des Ts'ong̃ ling̃.

Le royaume de K'ang des Annales des T'ang̃ était à cent cinquante li du royaume de Ché, du côté du sud, et à cent li du royaume de Mi, dans la direction du sud-est: K'ang était donc à cent li environ au nord de Ché et au nord-ouest de Mi, juste au nord-ouest des Ts'ong̃ ling̃.

Le Ts'ao oriental des Annales des T'anĝ était le Sou toueï cha na : touchant à l'ouest au royaume de K'anĝ, il se trouvait donc à l'est de ce dernier. Il est dit de plus qu'il était à cinq cents li de T'ou 'houo lo, dans la direction du sud : il devait se trouver par conséquent au nord-ouest des Ts'onĝ linĝ. Le royaume de Mi étant à deux cents li de celui de Ché qui en était au sud-ouest, il se trouvait à cinq cents li du Sou toueï cha na qui en était au nord-ouest. Alors le Ts'ao oriental devait donc être situé au nord du royaume de Ché; aussi, de même que ce dernier état, devait-il être à cinq cents li de T'ou 'houo lo.

A l'ouest du Ts'ao oriental était le Ts'ao central qui touchait au royaume de K'anĝ au sud; à l'ouest de ce Ts'ao central était le Ts'ao occidental, contigu au royaume de Ché au sud; la frontière méridionale du K'anĝ touchait aussi au royaume de Ché, mais celle de ce royaume s'étendait plus loin qu'elle à l'est et à l'ouest.

Les Annales des T'anĝ disent que le Ts'ao oriental touchait à l'ouest au K'anĝ, tandis que le *Peï ché* dit que le Ts'ao s'étendait au sud-est jusqu'au K'anĝ : la raison de cette différence vient de ce que l'un parle du Ts'ao oriental seulement, tandis que l'autre parle du Ts'ao central, du Ts'ao oriental et du Ts'ao occidental tout à la fois.

Enfin le royaume de 'Ho, qui, selon le *Peï ché,* était, du côté de l'est, à cent cinquante li du Ts'ao, devait se trouver par conséquent à l'ouest des autres états dont nous venons de parler.

En somme, les cinq états de Ché, de Mi, de Ts'ao, de K'anĝ et de 'Ho, qui s'étendaient au nord des Ts'onĝ linĝ dans la direction de l'ouest, devaient avoir une superficie d'environ quatre cents li du sud au nord, et d'environ six cents de l'est à l'ouest. C'est évidemment le territoire qui s'étend aujourd'hui au sud-ouest de Kokand, d'Andidchan et autres villes.

Andidchan est, comme nous l'avons vu dans la notice précédente, le Ninĝ yuann de l'époque des T'anĝ. D'Andidchan, en allant vers le sud-ouest, on trouvait les états de Ts'ao, de Mi, etc. C'est ce que disent les Annales des T'anĝ : «Au nord-est du Ts'ao oriental était situé le royaume de Ninĝ yuann.»

C'est là que vinrent s'établir les souverains de Tchao vou qui «battus par les Chionĝ nou (Huns) et les T'ou tçué (Turcs), se retirèrent vers les Ts'onĝ linĝ, dans la direction du sud-ouest.» Après avoir émigré, ils se trouvèrent au sud-ouest du Ta yuann, proche des Ts'onĝ linĝ, tandis qu'avant d'avoir émigré, ils résidaient au nord-ouest du Ta yuann, sur le versant des monts Tçi lienn. Ils étaient autrefois vassaux des souverains de K'anĝ.

Selon les Annales des 'Hann, le pays de Ta yuann était contigu au nord-ouest avec celui de K'anĝ tçiu, et par conséquent la route septentrionale qui traversait à l'ouest la chaîne des Ts'onĝ linĝ devait déboucher dans les deux pays de Ta yuann et de K'anĝ tçiu.

Les Annales des T'anĝ disent «que le Ts'ao oriental est le territoire de la ville d'Eul ché des 'Hann» : il se trouvait donc en deça des frontières du Ta yuann. Ces mêmes Annales disent : «Le Ts'ao occidental est le Ts'ao de l'époque des Soueï.» Le royaume de Ts'ao des Annales des Soueï était autrefois territoire du K'anğ tçiu : c'est là une preuve encore bien plus évidente que le Ts'ao oriental et occidental de l'époque des T'anğ était situé sur les frontières des états de Ta yuann et de K'anğ tçiu du temps des 'Hann.

NOTICE SUR TACHKEND

Description générale.

Tachkend[1] est limitrophe, au nord-est, du territoire de la horde K'azak de gauche, à l'est, de celui des Bourouts, au sud-est, de celui de Namangân. Elle est à mille trois cents li de la ville de Kachgar : elle était située, à l'époque des 'Hann, sur la frontière du Ta yuann et du K'ang tçiu. Sous les T'ang elle fit partie intégrante du royaume de Ché.

Le pays de Tachkend est plat; il s'y trouve des villes. Trois K'odjas régissent les Mahométans : l'un s'appelle Mordo Samouch; l'autre, Chad; le troisième, Dourdjan.

Tachkend fut longtemps sous la domination des K'azaks qui chaque année y envoyaient des gouverneurs. Mordo Samouch, établi K'odja par les K'azaks, fut chassé par Dourdjan : les K'azaks vinrent en armes demander raison de cette expulsion à Dourdjan, sans pouvoir l'obtenir.

Histoire contemporaine.

Le tsann tsann Fou To, poursuivant le K'azak Sira, la vingt-troisième année Tç'ienn long (1758), arriva sur

[1] Suivant l'ancienne orthographe on écrivait 達失干; on écrit maintenant 塔什罕. La première se trouve dans les *Annales des Ming*, livre 332.

le territoire de Tachkend : il envoya Mongourdaï et 'Ho chann pour soumettre le pays. Ceux-ci enjoignirent aux K'azaks de se soumettre pour éviter aux populations mahométanes les horreurs de la guerre : ils voulurent faire venir Dourdjan, mais celui-ci ne se rendit pas à son invitation; ils se remirent alors à la poursuite des K'azaks auxquels ils livrèrent bataille sur les bords de la rivière; puis, pour pacifier le pays, ils vantèrent la puissance de l'empereur et les bienfaits de la concorde: les K'azaks se repentirent et Moniyaz, vassal de Tachkend, adressa à l'empereur une pétition, demandant à faire sa soumission; sa pétition était conçue en ces termes:

«Moi, Mordo Samouch, j'adresse humblement cette pétition à l'empereur très saint et très puissant. Je n'ai pu surmonter ma joie quand l'envoyé de l'empereur est arrivé sur mon territoire, et c'est avec le plus profond respect que j'ai reçu le décret impérial qui a déchiré le voile obscur dont nous étions entourés. Nous autres, petit peuple situé à l'extrémité de vos frontières, nous n'aurons plus qu'une seule pensée : celle de vous livrer O chem djapou, ce rebelle Dzongar. Nous espérons que vous voudrez bien nous éclairer de votre lumière brillante : nous avons les yeux tournés avec respect vers vous et nous nous soumettons à vos instructions excellentes. Je vais retourner dans les lieux où vivent les miens, et je leur dirai qu'ils vont jouir désormais d'un bonheur et d'une félicité éternelles.»

Moniyaz vint à la cour pendant le neuvième mois. Il fut invité aux festins impériaux à la villa de P'ann chann tsing tçi, il vit le Nann yuann et assista à des feux d'artifice.

Cet O chem djapou dont il vient d'être question était le fils du frère aîné d'Amoursana : il avait suivi la cause de ce dernier et quand tout espoir eut été perdu il avait cherché son salut dans la fuite. Saisi par les troupes de Tachkend, il fut à ce moment livré à notre armée.

Le territoire de Tachkend est situé par le 30° 5′ latitude nord et le 47° 33′ longitude ouest de la capitale (Péking̃). Lorsque de Tachkend on fait sept cents li environ dans la direction du sud-ouest, on traverse la rivière Sir, puis la rivière Naryn et on trouve la ville de Samarkand. Au sud-ouest est la ville de K'arakots, à l'ouest celle de Ourkendsi : plus loin encore, dans la direction de l'ouest, on approche du Darigangga qui est la fin de la frontière occidentale.

Extrait des Annales sur Tachkend.

Extrait des Annales des Ming̃, Description du Si yu. Tachkend est à sept cents li environ de Samarkand qui en est à l'ouest. La ville, qui a deux li de circonférence, est située dans une plaine; elle est entourée de jardins et de bosquets. La contrée abonde en arbres fruitiers de toutes sortes; le sol convient aux cinq espèces de grains. La population en est très nombreuse.

Observations.

Les cinq rois du K'ang̃ tçiu, divisés en neuf familles, qui émigrèrent vers le sud-ouest et s'établirent au sud-ouest du Ta yuann, sont évidemment les rois de Tchao vou dont parle le *Peï ché,* lesquels résidaient autrefois au nord des monts Tçi lienn, mais qui, battus par les Chiong̃ nou (Huns), émigrèrent vers l'ouest et traversèrent les Ts'ong̃ ling̃; c'est ce à quoi font allusion les Annales des T'ang̃ en disant : « Ils habitaient autrefois au nord des monts Tçi lienn, mais, défaits par les T'ou tçué (Turcs) ils se retirèrent vers les Ts'ong̃ ling̃. »

La ville de Tachkend, située entre les territoires des anciens royaumes de K'ang̃ tçiu et de Ta yuann, à quatre cents li environ au nord des Ts'ong̃ ling̃, doit être la ville où résidaient les rois de Tchao vou : c'est pourquoi les rois de Tchao vou, émigrant vers le sud, se retirèrent vers les Ts'ong̃ ling̃, et, émigrant vers l'ouest, traversèrent ces dernières montagnes.

La position actuelle du territoire de Tachkend ne diffère pas de celle du Tachkend des Ming̃ : le nom est resté le même; nous lisons dans les Annales des Ming̃ que Tachkend est à sept cents li environ de Samarkand : en effet, aujourd'hui, lorsque de la ville de Tachkend on se dirige vers le sud-ouest, on arrive, après avoir traversé les deux rivières Sir et Naryn, à la ville de Samarkand.

NOTICE SUR LE BADAK'CHAN[1]

Description générale.

Le Badak'chan est au sud-est de la partie centrale des Ts'onḡ linḡ; ses frontières sont à six cents li environ au sud-ouest de Kachgar et de Yarkand. Il s'y trouve des villes et des cités; la population en est très florissante : elle compte plus de cent mille familles. Son chef ou roi s'appelle Sultan cha. La force de ce pays, situé sur le flanc droit de la chaîne des Ts'onḡ linḡ, consiste dans les précipices qui l'entourent de toutes parts. L'aspect en est très redoutable.

Il s'y trouve une rivière qui coule vers le nord, passe entre les deux pays de Bolor et de Badak'chan et arrive à Yéchi dérak où elle se partage en deux branches : l'une se jette au nord dans le lac Tous; l'autre se dirige d'abord vers le sud-ouest, puis ensuite vers le nord où elle se jette dans le lac Yéchi.

[1] Divers noms du Badak'chan : sous les 'Hann, 烏秅國 Ou tcha kouo; sous les Oueï septentrionaux, 權于摩 Tçuann yu mo; sous les T'anḡ, 喝盤陀地 K'o pann t'o ti, territoire dépendant de K'o pann t'o (K'avand'a). Depuis les Minḡ jusqu'à nos jours : 拔達克山 Pa ta k'o chann, Badak'chan. (Ancienne transcription 八答黑商 Pa ta 'heï chanḡ.)

La ville qui est située sur la frontière septentrionale du Badak'chan s'appelle Oua k'ann[1].

Le Badak'chan est par le 36° 23′ latitude nord; par le 43° 50′ longitude ouest de la capitale (Péking). Il correspond à l'ancien royaume d'Outcha.

Histoire contemporaine.

Lorsque, le huitième mois de la vingt-quatrième année Tç'ienn long (septembre 1759), les deux rebelles Boronidou et K'odzidchan eurent été battus sur les bords du lac Yéchi, ils s'enfuirent dans le Badak'chan, poursuivis de près par les troupes du sous-maréchal Fou To. En arrivant sur la frontière de ce pays, Fou To envoya l'un de ses officiers porter une lettre au K'an Sultan cha. Il y enjoignait à celui-ci de faire prisonniers et de lui livrer Boronidou et K'odzidchan, qui, pleins d'ingratitude pour la bonté et la faveur spéciale avec laquelle l'empereur les avait toujours traités, avaient osé lever l'étendard de la révolte contre lui.

En ce temps les deux chefs rebelles s'étaient enfui dans le bourg de Sik'nam, qui dépendait du beg Chamour, vassal du K'an de Badak'chan. Ils alléguèrent faussement qu'ils voulaient passer par ce pays pour se rendre à la Mecque. Les deux rebelles profitèrent de ce que le beg Chamour se trouvait à cette époque à la capitale de Sultan cha pour piller et sauvager à leur

[1] «The district of Wakhan embraces the main valley of the Oxus.» Lieutenant J. Wood, *A personal narrative of a journey to the source of the river Oxus by the route of the Indus, Kabul, and Badakhshan.* London 1841.

aise bourgs et hameaux. Chamour (qui accourait sur les lieux) rencontra en chemin l'officier envoyé par Fou To et le conduisit à Sultan cha : celui-ci, se conformant aux instructions contenues dans la dépêche de Fou To, s'empara de Boronidou et le mit aux fers. Puis il cerna les troupes que K'odzidchan avait pu réunir sur la montagne Ar'houndjouk : celles-ci purent cependant se retirer au-delà de la rivière de Baotsinar où il les attaqua. Les rebelles ne purent soutenir le choc de ses troupes : K'odzidchan, qu'une blessure et sa corpulence empêchaient de fuir aisément, fut pris et jeté dans la prison du Badak'chan qui porte le nom de Djaïdjab[1].

Sultan cha se hâta d'envoyer un émissaire à Fou To pour lui annoncer qu'il faisait sa soumission et qu'il avait pris les deux chefs rebelles. Fou To vit que sa soumission était réelle et lui dépêcha un de ses officiers pour lui ordonner de livrer sur le champ les prisonniers.

[1] On verra plus loin ce qu'il advint des deux K'odjas. « About a century back, khan Khoja, a Mohamedan ruler of Kashgar, and Yarkand, eminent for his sanctity, having been driven from his dominions by the Chinese, took shelter in Badakhshan, bringing with him 40,000 followers. He was wealthy, which circumstance, added to the beauty of his harem, excited the cupidity of Sultan Shah, who, at the time of the Khoja's arrival, ruled in Badakhshan. This coming to the knowledge of the exruler of Kashgar, he, with his people, fled down the valley towards Kunduz; but were overtaken by Sultan Shah, at Reishkhan. The Khoja's adherents were defeated, and he himself made prisoner. He sued for life, but in vain; on which the holy man cursed Badakhshan, and prayed that it might be three times depopulated — that not even a dog might be left in it alive. Already has the country been twice bereft of its inhabitants: first by Kokan beg of Kunduz, about forty years back, and again by Murad beg in 1829. » Wood, *A personal narrative* etc., p. 249.

En même temps il fit entrer son armée à Ouak'ann et s'y établit pour attendre les événements.

A ce moment les troupes de l'Indoustan[1] s'approchèrent du Badak'chan dans le dessein de ravir Boronidou et K'odzidchan; elles étaient sur le point de traverser le royaume de Tarbas, ennemi du Badak'chan, pour attaquer ce dernier pays.

Cependant, Sultan cha, qui, dans l'origine, voulait livrer à Fou To les deux chefs rebelles, craignait que les tribus voisines n'y consentissent pas et ne l'en empêchassent, parce qu'ils descendaient, de même d'ailleurs que lui, de la famille du Paigambar[2]. Apprenant que Fou To savait la cause de son hésitation, il se hâta de lui écrire une lettre ainsi conçue:

«Mes sujets sont également ceux de l'empereur de la Chine; ils doivent haïr ceux que celui-ci hait. De plus peut-on souffrir que des milliers d'hommes périssent à cause de ces deux criminels?» et il fit massacrer Boronidou et K'odzidchan. Le cadavre du premier fut dérobé et Sultan cha ne put que livrer la tête de K'odzidchan. Sultan cha fit sa soumission avec les cent mille familles de sa propre tribu et les trente mille familles de la tribu de Bolor.

Durant la vingt-cinquième année (1760) Sultan cha envoya son ministre le beg Emir à la cour, offrir huit magnifiques chevaux : l'empereur fit à cet ambassadeur l'honneur de l'inviter à dîner à Yng t'aï, et rendit un décret très louangeur pour lui.

[1] Voyez plus loin la notice sur ce pays, page 219.

[2] Le prophète Mahomet.

A cette époque, Sultan cha et son neveu Dach Mahmoud étaient en guerre : Dach Mahmoud, apprenant que l'empereur venait d'ordonner à un ambassadeur d'aller s'enquérir des causes de la guerre et la faire cesser, se hâta de mettre bas les armes et de faire sa soumission.

La vingt-sixième année (1761) Sultan cha offrit en tribut des épées et des haches; la vingt-huitième année (1763) il livra le cadavre de Boronidou (qui avait été retrouvé) ainsi que la femme et les enfants de ce descendant des K'odjas. Il envoya en même temps un ambassadeur présenter ses hommages à l'empereur.

Cette même année les troupes de Sultan cha ravagèrent le pays de Bolor[1] : le gouverneur de Yarkand leur ordonna de rendre les habitants et les bestiaux qu'ils avaient enlevés. Sultan cha, prétextant que le territoire de Dsitolar, qui fait partie du pays de Bolor, était les anciens pâturages du Badak'chan, supplia l'empereur de le lui laisser. L'empereur rendit un édit pour le blâmer. Peu après Sultan cha adressa à l'empereur un mémoire dans lequel il reconnaissait ses torts et protestait de sa fidélité la plus sincère.

Extrait des Annales sur le Badak'chan.

I. Extrait des Annales des 'Hann, Description du Si yu.

Le roi du pays d'Outcha réside dans la ville d'Outcha[2].

[1] Voyez plus loin la notice sur ce pays.

[2] Selon un commentateur, le caractère 秅 *tcha*, de *Ou tcha*, est une faute pour 秏 *'hao* qui en diffère peu.

Cette contrée est à neuf mille neuf cent cinquante li de Tch'anḡ ann, à quatre mille huit cent quatre-vingt-douze li de la résidence du gouverneur du Si yu, qui s'en trouve au nord-est. Elle est limitrophe, au nord, des pays de Tseu 'ho, P'ou li; à l'ouest, de celui de Nann téou.

La population habite dans les montagnes, au milieu des champs et des rochers. Il y pousse de l'herbe blanche[1]. Les maisons sont construites de pierres accumulées. Les habitants boivent en unissant leurs mains[2].

Dans l'ouest de la contrée il y a des passages suspendus[3] : ils sont à cinq mille huit cent quatre-vingt-huit li de la forteresse de Yanḡ[4], à cinq mille deux cents li de la résidence du gouverneur du Si yu. Ces passages sont des montagnes de rochers. Comme les montagnes sont séparées par des vallées profondes, on passe de l'une à l'autre à l'aide de cordes et de chaînes[5].

II. Extrait des Annales des Oueï, Description du Si yu. Le royaume de Tçuann yu mo est l'ancien pays d'Outcha : le roi réside dans la ville d'Outcha qui est

[1] 白草.

[2] «Pour boire dans les ruisseaux qui découlent des montagnes, dit un commentateur, on unit ses mains à la manière des 猿 guenons.»

Le texte ajoute que «ce pays renferme des chevaux qui font de petits pas», sans doute des poneys.

[3] 縣度 Chouann tou. 縣 est ici pour 懸.

[4] 陽關.

[5] Ce sont des 鐵索橋 T'ié so tç'iao, ponts de chaînes de fer, ou ponts suspendus, comme il y en a encore dans le Tibet, surtout dans les provinces de Oueï et de Tsanḡ. On les appelle en tibétain *ltchags zam* (*zam* = pont; *ltchags* = fer).

située au sud-ouest de Si tçiu pann, à douze mille neuf cent soixante-dix li de Taï (tchéou).

Le royaume d'Akéou tçiang̃ est au sud-ouest du Cha tçiu, à treize mille li de Taï (tchéou). Dans le sud il y a des montagnes où se trouvent des passages suspendus. Dans ces montagnes, sur l'espace de quatre cents li, on rencontre constamment des routes faites de planches[1]. On voit sous ses pieds des abîmes insondables; les voyageurs sont obligés de se tenir à des cordes ou des chaînes pour passer : de là vient le nom de passages suspendus.

III. Extrait des Annales des T'ang̃, Description du Si yu. Le royaume de K'o pann t'o[2] porte aussi les noms de 'Hann t'o, de K'o kouann t'ann et de K'o lo t'o[3]. En passant au sud-ouest de Sou lo (Kachgar), on entre dans la vallée de Tçienn mo, on traverse la montagne Pou jenn, et, au bout de six cents lieues de marche, on arrive enfin à ce royaume.

Il est à quatre mille cinq cents li de Koua tchéou, juste à l'ouest du Tchou tçiu po. Au sud se trouvent les montagnes aux passages suspendus; au nord il touche au pays de Sou lo; à l'ouest à celui de 'Hou mi; au nord-ouest à celui de Pann 'hann.

Ce royaume commande la partie centrale des Ts'ong̃

[1] 棧道 *tchann tao*. Il y a encore de nos jours des routes de ce genre dans la province du Yunn nann : il y en a qui sont placées le long du flanc des montagnes et sont soutenues par des madriers.

[2] K'avand'a.

[3] 喝盤陀; 漢陀; 渴館檀; 渴羅陀.

ling̃ : sa capitale est adossée à plusieurs rivières. Son prince descend d'une famille de Sou lo : le trône se transmet de générations en générations dans sa famille. Au sud-ouest se trouve la montagne T'éou t'ong̃ (du mal de tête). Les Ts'ong̃ ling̃ environnent cet état de tous côtés.

Le royaume de K'o pann t'o ne commença à avoir des relations avec la Chine que durant les années T'aï yenn des Oueï (435 à 440). Il envoya un ambassadeur à la cour la neuvième année Tchenn kouann des T'ang̃ (635). Durant les années K'aï yuann (713—742) ce pays fut entièrement soumis : on y établit un gouvernement général des Ts'ong̃ ling̃, pour former la garnison de l'extrême frontière de l'Ann si.

IV. Extrait des Annales des Yuann (Mongols), Section géographique, Supplément aux pays du nord-ouest : il y a encore Pa ta 'ha chang (Badak'chan).

V. Extrait des Annales des Ming̃, Description du Si yu[1]. «Le Pa ta 'heï chang̃ (Badak'chan) est au nord-est d'Ann tou 'houeï (Andk'oui); la capitale a dix li environ de circonférence. La contrée est large et ne présente pas d'obstacles; les montagnes et les cours d'eau y ont un joli aspect; les habitants en sont honnêtes : tout y est florissant.»

[1] L'extrait donné par le *Si yu t'ou tché* ne comprend que la première phrase : nous avons cru utile de recourir aux Annales des Ming̃ elles-mêmes et de traduire *in extenso* la notice qu'elles donnent sur le Badak'chan. Cette notice est au livre 332.

Les stûpas[1] qui y sont bâtis en divers endroits sont aussi beaux que la demeure du roi. La plupart des marchands du Si yanḡ[2] et de l'Asie centrale viennent dans ce pays pour y commercer : aussi la population en est-elle riche.

Ce pays tomba autrefois aux mains de Loutché, fils de Cha ʿha (Cha rokʿ), chef ou roi de ʿHa lié (Hérat). La sixième année de son règne (1408), Yonḡ lo ordonna à l'eunuque Pa tʿaï li de se rendre dans ce royaume pour porter au roi une lettre écrite de sa main, ainsi que des pièces de satin; et, en même temps, de transmettre un décret ordonnant aux pays de ʿHa ché ʿha eul (Kachgar) et de Ko to lanḡ (Kotlan) d'avoir des relations commerciales avec l'empire du Milieu. Les ordres de l'empereur furent partout exécutés : il en résulta que les voyageurs ne rencontrèrent plus aucun obstacle sur une étendue de terrain de dix mille li, de l'est à l'ouest.

La douzième année (1402), Tchʿenn tchʿenḡ fut envoyé en ambassade dans ce pays. La dix-huitième année (1420) le roi du Badakʿchan envoya un ambassadeur offrir tribut, et l'eunuque Kouo Tçinḡ fut chargé de se rendre près de lui pour lui remettre une lettre et des présents. La cinquième année Tʿienn chounn (1461), le roi Ma ʿha ma (Mohammed) envoya un ambassadeur pour

[1] Stûpa ou Dʿâtougôpa, en chinois 寶 塔 pao ta, ou 塔 ta. Ce sont les édifices que nous appelons pagodes.

[2] L'expression 西 洋 *Si yanḡ* (litt. Océan occidental) désigne ordinairement l'Europe, d'où *Si yanḡ jenn*, européen; mais il s'agit ici des commerçants de l'Inde où l'on savait sans doute que les Européens s'étaient établis.

offrir tribut. L'année suivante (1462), il en fut de même, et l'ambassadeur A pou tou la (Abdallah) succéda à son père dans la charge de Tché ʿhouaï tʿonḡ tché (gouverneur).

Observations.

Nous voyons que du royaume de Pʿi chann, situé à l'ouest du royaume de Yu tienn, dont parlent les Annales des ʿHann, au royaume d'Outcha, il y a, dans la direction du sud-ouest, mille trois cent quarante li. Or, actuellement, de la ville ʿHo tienn (Kʿoten), en allant vers l'ouest, jusqu'à la capitale du Badakʿchan, il y a également mille trois cents li environ : on voit que les deux chemins ont la même longueur. Ce royaume est situé sur le versant méridional des Tsʿonḡ linḡ, et est entouré de montagnes de tous côtés. Cela s'accorde parfaitement avec ce que dit l'historien Pann Kou, à savoir que «les habitants demeurent dans les montagnes, au milieu des champs et des rochers». Il est donc évident que ce royaume est le Badakʿchan de nos jours.

A l'époque de la dynastie des ʿHann le Badakʿchan a porté le nom d'Outcha; sous les Oueï celui de Tçuann yu mo. Quant au royaume d'Akéou tçianḡ, dont parlent les Annales des Oueï, qui était situé au sud-ouest du Cha tçiu, et dans la partie occidentale duquel se trouvaient des montagnes à passages suspendus, la description que l'on en donne est la même que celle que l'on fait du royaume d'Outcha, dans l'ouest duquel il y a des passages suspendus. Le Cha tçiu est le Yarkand actuel, situé au nord-est du Badak'chan : description qui s'accorde avec celle du royaume d'Akéou tçiang̃, situé au sud-ouest du Cha tçiu.

De plus il est dit que le royaume de Tçuann yu mo est à douze mille neuf cent soixante-dix li de Taï (tchéou), et que celui d'Akéou tçiang̃ en est à treize mille : il n'y avait donc seulement que trente li de distance entre les deux états. Leurs frontières devaient par suite être contigues. Nous soupçonnons que le pays qui, sous les 'Hann, portait le nom d'Outcha, s'est divisé en deux royaumes sous les Oueï : l'un, à l'est, portait le nom de Tçuann yu mo (voilà pourquoi il était plus proche de Taï [tchéou]); l'autre, à l'ouest, portait celui d'Akéou tçiang̃; aussi était-ce celui qui était le plus voisin des passages suspendus.

Dans les Annales des T'ang̃ il n'est point fait mention des royaumes d'Outcha, de Tçuann yu mo, d'Akéou tçiang̃, mais il est parlé de celui de K'o pann t'o, dont le territoire sud-est de Sou lo est éloigné de six cents li. L'actuel Kachgar est le Sou lo d'autrefois : en effet du sud-est de Kachgar au Badak'chan il y a six cents li. Les distances concordent parfaitement. La capitale est située au milieu des montagnes, et une rivière en embrasse la partie orientale; c'est ce que veut dire la phrase : «Elle commande les Ts'ong̃ ling̃ et est adossée à plusieurs rivières». Ce que l'on peut vérifier d'après l'aspect des lieux.

Les anciennes éditions des Annales des Yuann renferment le nom de *Pa ta 'ha chang̃*, celles des Annales des Ming̃, le nom de *Pa ta ʿheï chang̃* : ce sont là des erreurs de transcription pour *Pa ta kʿo chann* (Badakʿchan). Toutes les éditions actuelles des Annales des Yuann et des Ming̃ ont été corrigées sous ce rapport. Ces erreurs sont semblables à celles que l'on commet en écrivant *ʿHa ché ʿha eul* pour *Kʿa ché ko eul* (Kachgar), et *Ta ché kann* pour *Ta ché ʿhann* (Tachkʿend).

Lorsqu'on se trouve en présence d'erreurs semblables, il faut examiner les distances et les situations respectives des pays, et ce n'est que si celles-ci concordent en tous points que l'on peut identifier sûrement les noms des états.

NOTICE SUR LE PAYS DE BOLOR[1]

Description générale.

Le pays de Bolor est à l'est du Badak'chan : il possède des villes et des cités; sa population compte trente mille familles environ. Il est entouré de tous côtés par des montagnes. Dans la partie nord-ouest il y a une rivière.

Histoire contemporaine.

Le chef ou roi de ce pays, Chah Chamod, fit sa soumission en même temps que le Badak'chan, la vingt-quatrième année Tç'ienn long (1759). L'année suivante (1760) il envoya à la cour le beg Chah, que l'empereur invita à un festin : cet ambassadeur reçut des présents et des bienfaits en grande quantité, ainsi qu'une lettre de l'empereur.

La vingt-huitième année (1763) il envoya en tribut des épées et des haches. La vingt-neuvième année (1764) il vit son territoire envahi par le roi de Badak'chan, Sultan cha, et se hâta de demander du secours à Sinn Koueï, général commandant à Yarkand. Sinn Koueï or-

[1] Le pays de Bolor est situé dans les montagnes de ce nom; on sait que *Bolor* ou *Belor* signifie cristal.

donna à Sultan cha de rendre les prisonniers qu'il avait faits et de cesser les hostilités. Cha Chamod envoya un mémoire à l'empereur pour le remercier de ce que l'on avait fait pour lui, et une cueillère en guise de tribut; son ambassadeur fut, comme de coutume, invité aux festins impériaux.

La trente-quatrième année (1769) il envoya en tribut deux cueillères à manche de jade.

Cette contrée est située par le 37° latitude nord, par le 43° 38' longitude ouest de la capitale (Pékinḡ).

Observations.

Le pays de Bolor, voisin de celui de Badak'chan a dû faire partie autrefois du territoire du royaume d'Ou tcha.

NOTICE SUR BOK'ARA[1]

Description générale.

Bok'ara est situé à l'ouest du Badak'chan.

Histoire contemporaine.

Lorsque les tribus mahométanes furent pacifiées, la vingt-cinquième année Tç'ienn long̃ (1760), le pays de Bok'ara envoya un ambassadeur à la cour : un décret fut promulgué à cette occasion.

La vingt-neuvième année (1764), le chef de ce pays, nommé A pou lo ko eul (Aboul Kor), envoya en ambassade les begs No lo sse (Noros) et Ta ya eul (Tayar). Il fit sa soumission en même temps que le roi du Badak'chan, sultan Cha.

Ce pays est situé par le 38° 42′ latitude nord, par le 57° 32′ longitude ouest de la capitale (Péking̃); il doit correspondre à l'ancien royaume de Nann téou.

EXTRAITS DES ANNALES SUR BOK'ARA.

Extrait des Annales des 'Hann, Description du Si yu. Le souverain du royaume de Nann téou réside dans la

[1] Dans les Annales de Ming̃ ce nom est transcrit par 卜花兒 pou 'houa eul : la nouvelle transcription est 布哈爾 pou 'ha eul. Bok'hara est identifié avec l'ancien royaume de 難兜 Nann téou.

ville du même nom qui est située à mille cinq cents li de Tch'ang ann; à huit cent quatre-vingt-dix li au sud-ouest de la résidence du gouvernement général du Si yu. Il y a trois cent trente li de cette ville à Tçi pinn[1] qui s'en trouve au sud-ouest.

Observations.

Le territoire de Bok'ara est voisin de la frontière occidentale du Badak'chan : le Badak'chan comme nous venons de le voir dans la notice précédente est l'ancien royaume d'Outcha; or nous voyons dans les Annales des 'Hann que le royaume d'Outcha était à l'ouest contigu au royaume de Nann téou; il est donc évident que le pays actuel de Bok'ara correspond à l'ancien royaume de Nann téou.

[1] Cophène.

NOTICE SUR L'AFGHANISTAN[1]

Description générale.

L'Afghanistan est au sud-ouest du Badak'chan et de Bok'ara; ce pays est très grand; c'est l'ancien territoire des Grands Yué ti (Gètes).

Histoire contemporaine.

Le roi de ce pays, Aï Ramod cha, ayant appris, la vingt-septième année Tç'ienn long̃ (1762) que le Si yu s'était entièrement soumis, envoya en ambassade à la cour pour offrir sa soumission, Mir K'an : son tribut consistait en épées et en quatre beaux chevaux. Mir K'an fut invité aux festins impériaux, et reçut nombre de présents et de bienfaits. A la première lune de la vingt-huitième année (février 1763), l'empereur rendit un décret très louangeur pour lui et le renvoya dans son pays.

Extrait des Annales sur l'Afghanistan.

I. Extrait des Annales des 'Hann, Description du Si yu. Après avoir traversé à l'ouest les Ts'ong̃ ling̃, la

[1] En chinois 愛烏罕. C'est le royaume des 大月氏 Ta yué ti (Grands Gètes) de l'époque des 'Hann; le royaume de 㘓噠 Yé ta (Gètes) des Oueï septentrionaux, de 挹怛 Yé tann des Soueï.

route méridionale débouche sur le territoire des Grands Yué ti (Gètes). La capitale du royaume des Grands Yué ti est la ville de Tçienn ché. Elle est à onze mille six cents li de Tch'ang ann. Ce pays ne dépend pas du gouvernement général du Si yu. Il est à quatre mille sept cent quarante li à l'ouest de la résidence de ce gouvernement. Au sud il est limitrophe du royaume de Tçi pinn (Cophène). La résidence royale est située au nord du Tou oueï.

II. Extrait des Annales des 'Hann postérieurs, Description du Si yu. Jadis, les Yué ti, battus par les Chiong nou (Huns), émigrèrent dans le pays de Ta chia (Bactriane), et se divisèrent en cinq hordes à la tête de chacune desquelles était un ling 'héou[1].

Dans la suite Tçiéou tsiéou, ling 'héou de la horde de Koueï chouang attaqua et battit les quatre autres ling 'héou : il s'élit lui-même roi de Koueï siang. Peu après il détruisit les états de P'ou ta et de Tçi pinn. Lorsqu'il mourut, son fils Chienn Kao tchenn lui succéda sur le trône. Ce fut celui-ci qui conquit le T'ienn tchou (Inde) et y établit un général pour le gouverner. A partir de cette époque les Yué ti furent très puissants et très florissants.

III. Extrait des Annales des Oueï, Description du Si yu. Les Yé ta sont de la même race que les Grands Yué ti. Ils ont pris leur origine au nord des frontières

[1] 翎侯.

(de la Chine); ils occupent le territoire qui s'étend des Tçinn chann (Montagnes d'or) dans la direction du sud, à l'ouest du Yu tienn (K'oten). Leur capitale est à deux cents li environ au sud de la rivière Ma chiu, à dix mille cents li de Tch'anḡ ann, à six mille cinq cents li de Koua tchéou.

IV. Extrait des Annales des Soueï, Description du Si yu. Le royaume de Yé tann a sa capitale située à deux cents li environ au sud de la rivière Ou 'hou (aux rives noires)[1]. Les Yé tann sont de la même race que les Grands Yué ti. Durant les années Ta yé (605—617) ils envoyèrent un ambassadeur offrir en présent des productions du pays.

Observations.

L'Afghanistan est actuellement l'un des plus grands états situés à l'ouest des Ts'onḡ linḡ. Ce que disent les Annales des 'Hann, qu'ayant traversé les Ts'onḡ linḡ, la route méridionale débouche à l'ouest dans le pays des Grands Yué ti, s'accorde parfaitement avec la description de l'actuel Afghanistan.

L'Afghanistan est contigu à l'est et au sud à l'Indoustan[2] : ce dernier pays est l'ancien royaume de Tçi

[1] Le 烏滸 Ou 'hou est l'Oxus, aujourd'hui le Djihoun ou Amou déria, qui, au dire des Anciens, se jetait jadis dans la mer Caspienne; il se jette à présent dans la mer d'Aral.

[2] Sous le nom de 痕都斯坦 'Henn tou sse tann, il ne faut pas entendre ici l'Hindostan, ou l'Inde, mais seulement une partie de ce pays, comprenant le Pendjab, le Kaffiristan, le Kohistan etc., et la partie orien-

pinn, sur lequel on donnera des explications dans la notice suivante. L'Afghanistan en est limitrophe au sud: cela s'accorde avec ce que disent les Annales des ʿHann que le pays des Grands Yué ti est limitrophe au sud du Tçi pinn.

Les frontières de ces deux pays sont contigues, aussi le roi de Koueï siang̃ put-il facilement conquérir et détruire le royaume de Tçi pinn. Ce dernier état est limitrophe au sud de l'Inde septentrionale (les cinq Indes sont la même chose que les cinq Tʿienn tchou). L'historien Fann[1] dit qu'après avoir conquis le royaume de Tçi pinn, le roi de Koueï siang̃ conquit le Tʿienn tchou: Cela est encore une preuve de la contiguité des frontières.

Les Annales de l'historien Pann disent que la capitale des Grands Yué ti est au nord de la rivière Oueï, et les Annales des Soueï appellent la rivière près de laquelle est cette capitale la rivière Ma chiu; quant aux Annales des Soueï, elles disent que cette rivière s'appelle Ou ʿhou. (Voici d'où proviennent ces différences: *Ou* et *Oueï* se prononcent à peu près de même; on a confondu les caractères 烏滸 avec les caractères 馬許 qui en diffèrent peu.)

L'historien Fann dit en outre que le Tʿienn tchou est situé au sud-est des Yué ti : le Tʿienn tchou est

tale de notre Afghanistan. Les Chinois connaissaient autrefois cette région sous le nom de 罽賓國 Tçi pinn kouo (Cophène). Voyez plus loin la notice sur ce pays.

[1] L'historien 范曄 Fann Yé est l'auteur du ʿ*Heou* ʿ*Hann chou* ou Annales des ʿHann postérieurs.

l'actuel Si tsanḡ[1] qui en effet se trouve à la frontière sud-est de l'Afghanistan.

Cela établit irrévocablement que l'Afghanistan doit être identifié avec le territoire occupé par les anciens Yué ti.

[1] Cela n'est pas tout-à-fait exact : 天竺 *T'ienn tchou* est le nom donné ordinairement à l'Inde; quant au 西藏 *Si tsanḡ*, c'est le Tibet.

NOTICE SUR L'INDOUSTAN[1]

Description générale.

L'Indoustan est au sud-ouest du Badak'chan, à l'est de l'Afghanistan. Les ouvriers de ce pays travaillent le jade avec des meules mises en mouvement par l'eau, et fabriquent des objets extrêmement beaux : leur habileté est telle que les ouvriers de l'intérieur (de la Chine) ne peuvent l'égaler.

Autrefois les habitants de ce pays trafiquaient à Yarkand : un décret de l'empereur, en date de la vingt-cinquième année (1760) ordonna d'y faire le commerce comme par le passé.

Cette contrée touche aux frontières de l'Inde septentrionale : elle est située par le 29° 15′ latitude nord, et par le 45° 5′ longitude ouest de la capitale (Pékinḡ). Elle correspond à l'ancien royaume de Tçi pinn (Cophène).

Extraits des Annales sur l'Indoustan.

I. Extrait des Annales des 'Hann, Description du Si yu. Le souverain du royaume de Tçi pinn réside dans la ville de Tounn sienn : cette ville est à douze mille deux cents li de Tch'anḡ ann ; elle n'est pas sous la

[1] Voyez note 2, page 212.

juridiction du gouvernement général du Si yu; elle se trouve à six mille quarante li de la résidence de ce gouvernement.

La population de ce pays est très habile : elle excelle surtout dans les sculptures et les ciselures, et fabrique des perles, des objets en corail, en ambre, et du verre.

II. Extrait des Annales des T'anḡ, Description du Si yu. Le T'ienn tchou (Inde) occidental est limitrophe de Tçi pinn (Cophène) et de Po sse (Perse). Le Tçi pinn est au sud des Ts'onḡ linḡ; il est à plus de douze mille li de la capitale (du royaume des T'anḡ).

Durant les années Tchenḡ kouann (627—650) on envoya un ambassadeur dans cet état : il se rendit également dans le T'ienn tchou, escorté par des officiers que le roi de Tçi pinn avait délégué exprès pour l'accompagner.

Observations.

Les cinq T'ienn tchou sont les cinq Indes. Ce qui prouve encore davantage que le Tçi pinn était sur la frontière de l'Inde, ce sont les expressions des Annales des T'anḡ : «Le Tçi pinn est au sud des Ts'onḡ linḡ, et limitrophe du T'ienn tchou; des gens de ce pays conduisirent l'envoyé des T'anḡ jusque dans le T'ienn tchou.»

Nous avons de plus lu dans le commentaire des poésies composées par l'empereur sur l'Indoustan, que ce pays se trouvait à la frontière de l'Inde septentrionale.

Si nous examinons l'état des lieux, nous voyons que le Tçi pinn devait en être près aussi.

Nous lisons en outre dans les Annales des ʿHann que les habitants du royaume de Tçi pinn sont habiles dans l'art de sculpter, et qu'ils font des objets curieusement travaillés : or, les habitants de l'actuel Indoustan sont habiles dans l'art de travailler le jade, et l'emportent même en cela sur toutes les autres populations du Si yu. On voit que ces deux descriptions sont semblables.

NOTICE SUR LE PAYS DE BALTI

Le pays de Balti est au sud du Bolor : il est limitrophe, à l'est, des T'ou po t'o (Tibet)[1], à l'ouest, du Kachmir et de l'Indoustan, au sud, de 'Ha pou lounn. Il y a une longue rivière qui coule au centre.

Ce pays est situé par le 31° 50′ latitude nord, par le 45° 28′ longitude ouest de la capitale (Pékinḡ). Il est divisé en deux tribus, gouvernées par les chefs Mo mo sse par et Ou sou ouann. Chacun commande à huit mille hommes environ. Les habitants faisaient autrefois le commerce à Yarkand : quand ils firent leur soumission au sixième mois de la vingt cinquième année Tç'ienn lonḡ (1760), il leur fut ordonné de commercer comme par le passé.

Observations.

Le pays de Balti étant à l'est de l'Indoustan, et l'Indoustan étant l'ancien royaume de Tçi pinn, le Balti qui en était voisin devait se trouver sur ses frontières méridionales.

[1] 土伯特. Le nom donné ordinairement au Tibet par les Chinois est 西藏 *Si tsanḡ*, mais on trouve aussi souvent celui de 唐古特 *T'anḡ kou t'o* (du mongol *Tanggod* = *Tangout*). Sur l'étymologie de ce mot *Tibet*, voyez Schiefner, *Tibetische Studien*, dans les *Mélanges asiatiques, tirés du Bulletin historico-philologique de l'Académie impériale des sciences de Saint-Pétersbourg*, tome Ier, p. 332, à la note.

APPENDICE

Notice des ouvrages cités dans le *Si yu t'ou tché.*

I. Le 史記 *Ché tçi* ou Mémoires historiques est dû à 司馬遷 Sseu-ma Ts'ienn qui vécut sous la dynastie 'Hann : la plupart des documents que cet historien mit en œuvre avaient été réunis par son père 司馬談 Sseu-ma T'ann, 太史令 historiographe de Vou ti des 'Hann : Sseu-ma Ts'ienn les coordonna, les compléta, et les fit paraître sous le simple titre de *Mémoires historiques.*

Cet ouvrage, qui commence au règne de 'Houang ti et s'arrête à celui de Vou ti, comprend cent trente livres divisés en cinq parties.

1° 帝紀 *Ti tçi* ou Chronique impériale « consacrée au récit des actions des souverains de la Chine, et des événements qui ont eu l'empire entier pour théâtre : les faits y sont disposés chronologiquement, et rapportés aux dates qui leur appartiennent ».

2° 年表 *Nienn piao,* Tables chronologiques.

3° 八書 *Pa chou* ou Huit traités, sur les rites, la musique, les tons, la chronologie, l'astronomie, les cérémonies religieuses, l'hydrographie, les poids et mesures.

4° 世家 *Ché tçia,* Histoire généalogique des familles princières.

5° 列傳 *Lié tchouann* : Mémoires sur la géographie des pays étrangers, articles de biographie.

(Consulter sur Sseu-ma Ts'ienn et son œuvre : Wylie, *Notes on Chinese literature,* page 14; Mayers, *Chinese reader's manual,* page 201, et Abel Remusat, *Vie de Sseu-ma Tsienn* dans les *Mélanges asiatiques.)*

II. Le 前漢書 *Ts'ienn 'hann chou* ou Annales des 'Hann antérieurs fut compilé par 班固 *Pann kou* pour servir de continuation aux Mémoires historiques de Sseu-ma Ts'ienn : il s'étend de l'an 206 av. J.-Ch. à l'an 24 après J.-Ch. Pann kou étant mort avant d'avoir pu achever son œuvre, ce fut sa sœur 班昭 Pann Tchao qui y mit la dernière main.

L'ouvrage comprend cent vingt livres en quatre parties : 1° *Ti tçi* ou Chronique impériale; 2° *Nienn piao* ou Tables chronologiques; 3° *Tché* ou Mémoires sur différents sujets; 4° *Lié tchouann* ou Mémoires sur la géographie et articles de biographie.

(Cf. Wylie, *Notes,* etc. Mayers, *Manual,* page 166.)

III. Le 後漢書 *'Héou 'hann chou,* Annales des 'Hann postérieurs, fut commencé par 范曄 *Fann Yé.* Il comprend trois parties, divisées en cent vingt livres.

1° *Ti 'héou tçi,* Chronique des empereurs et impératrices; 2° *Tché,* Mémoires; 3° *Lié tchouann.*

(Wylie, *Notes,* etc. page 14.)

IV. Le 晉書 *Tsinn chou,* Annales des Tsinn (265 à 420), fut rédigé par une commission de lettrés et de savants, choisie par l'empereur 太宗 T'aï tsong, et présidée par 房喬 Fang̃ Tç'iao : plusieurs chapitres sont dûs à l'empereur lui-même.

Cent trente livres en quatre parties : *Ti tçi, Tché, Lié tchouann* et *Tsaï tçi,* Histoire contemporaine.

V. Les Annales des Oueï (魏書 *Oueï chou*), publiées par 魏收 Oueï chéou des Tsi septentrionaux, furent révisées et publiées de nouveau sous les Song̃.

Elles comprennent cent quatorze livres en trois parties : *Peunn tçi, Lié tchouann, Tché.*

VI. Les 北史 *Peï ché* ou Annales septentrionales (de 386 à 581) furent compilées par 李延壽 Li yenn chéou.

Elles comprennent l'histoire des Oueï septentrionaux, des Tsi septentrionaux, des Tchéou et des Soueï. Elles sont divisées en deux parties : *Peunn tçi, Lié tchouann* se composant de cent livres.

VII. Une commission de savants choisis par l'empereur T'aï tsong̃, fut chargée, sous la direction de 魏徵 Oueï tch'eng̃, duc de 鄭 Tch'eng̃, de rédiger le 隋書 *Soueï chou* ou Annales des Soueï. Cet ouvrage comprend quatre-vingt-cinq livres en trois sections : *Ti tçi, Tché, Lié tchouann.*

VIII. Il y a eu plusieurs éditions des Annales des T'ang̃:

La première, 舊唐書 *Tsiéou t'ang̃ chou,* ancienne rédaction, due à 吳兢 Vou Tçing̃, parut au 10ᵉ siècle;

la seconde, qui est comme le supplément de la première, 新唐書 *Sinn t'ang̃ chou,* nouvelle rédaction, fut faite en collaboration par 歐陽修 Ngéou yang̃ Siéou et 宋祁 Song̃ Tç'i;

la troisième et dernière, 唐書 *T'ang̃ chou*, est la refonte des deux précédentes.

(Voy. Wylie, *Notes*, page 17.)

IX. Le 元史 *Yuann ché* ou Annales des Yuann (dynastie mongole) fut compilé par plusieurs savants sous la direction de 宋濂 Song̃ lienn. Encore qu'il ne semble pas être fort estimé, à cause des erreurs qu'il renferme, cet ouvrage n'en a pas néanmoins eu un grand nombre d'éditions. L'une des dernières, revue et corrigée, qui parut sous le règne de Tao kouang̃ (1824), est accompagnée d'un dictionnaire donnant en mandchou la prononciation exacte des noms étrangers, mongols et autres, en grand nombre dans l'ouvrage.

Le *Yuann ché* est divisé en quatre parties, formant deux cent dix livres : *Peunn tçi, Tché, Piao, Lié tchouann.*

X. Le 明史 *Ming̃ ché,* Annales des Ming̃, a été rédigé par un grand nombre de lettrés : le texte actuel a été revu par 張廷玉 Tchang̃ T'ing̃ yu et présenté à l'empereur en 1742. L'ouvrage a quatre sections: *Peunn tçi, Tché, Piao, Lié tchouann,* formant trois cent trente-deux livres.

TABLE DES MATIÈRES

HISTOIRE DE L'INSURRECTION DES TOUNGANES.

NOTICES GÉOGRAPHIQUES ET HISTORIQUES SUR LES PEUPLES DE L'ASIE CENTRALE.